DELIUS KLASING

Axel Bark

Kollisions-verhütungs-regeln

Für den Sportschiffer

Amtliche deutsche Übersetzung –
herausgegeben und kommentiert
von Axel Bark

Delius Klasing Verlag

Von Axel Bark sind
im Delius Klasing Verlag folgende Titel lieferbar:
Sportküstenschifferschein + Sportbootführerschein See
Sportbootführerschein See (Overschmidt/Bark)
Der Sportbootführerschein Binnen – Segel + Motor
Seeschiffahrtsstraßen-Ordnung – Für den Sportschiffer
Kollisionsverhütungsregeln – Für den Sportschiffer

Die Deutsche Bibliothek – CIP-Einheitsaufnahme

Kollisionsverhütungsregeln für den Sportschiffer:
amtliche deutsche Übersetzung / hrsg. und komm.
von Axel Bark. – 6. Aufl. – Bielefeld: Delius Klasing, 2001
(Yacht-Bücherei; Bd. 92)
Einheitssacht.: Kollisionsverhütungsregeln
ISBN 3-87412-111-9

6. Auflage
ISBN 3-87412-111-9

Umschlaggestaltung: Ekkehard Schonart
Graphische Gestaltung und Zeichnungen: Françoise Pierzou
Druck: Kunst- und Werbedruck, Bad Oeynhausen
Printed in Germany 2001

Delius Klasing Verlag, Siekerwall 21, D-33602 Bielefeld
Tel.: 0521/559-0, Fax: 0521/559-1 13
e-mail: info@delius-klasing.de
www.delius-klasing.de

Zu diesem Buch

Die *Internationalen Regeln von 1972 zur Verhütung von Zusammenstößen auf See (Kollisionsverhütungsregeln – KVR)* stellen das grundlegende Gesetz zur Regelung der Sicherheit und Leichtigkeit des Verkehrs auf hoher See und den mit ihr zusammenhängenden Gewässern dar. Sie gelten auch für den Sportbootfahrer, der sich nicht zuletzt aus Gründen der eigenen Sicherheit mit ihren Vorschriften vertraut machen sollte. Allerdings sind die *Kollisionsverhütungsregeln* – wie die meisten Gesetzesvorschriften – eine für den juristischen Laien oft nur schwer verständliche Lektüre.

Im vorliegenden Buch wird deshalb versucht, die *Kollisionsverhütungsregeln* für den juristischen Laien und für den Bordgebrauch lesbar zu machen. Wir haben, um den trockenen und vielfach nicht unkomplizierten Gesetzestext zu „entschärfen", eine moderne Form der Kommentierung gewählt:

- Der Gesetzestext wird an zahlreichen Stellen graphisch erläutert, vor allem bei den Ausweich- und Fahrregeln und im Abschnitt über Lichter und Signalkörper.
- Die für den Sportbootfahrer wichtigen Textstellen werden durch Fettdruck hervorgehoben.
- Jedem der Teile A bis D der *Kollisionsverhütungsregeln* wurde eine systematische Zusammenfassung vorangestellt, die bereits alles Wichtige enthält. Der Zusammenhang des Gesetzes wird somit klarer.
- Schließlich werden die einzelnen Regeln durch Fußnoten an Ort und Stelle kommentiert.

Neben den *Kollisionsverhütungsregeln* enthält dieser Band außerdem

- die *Verordnung zu den Internationalen Regeln von 1972 zur Verhütung von Zusammenstößen auf See,*
- eine tabellarische Zusammenstellung der Sichtzeichen für kleine Fahrzeuge nach den *Kollisionsverhütungsregeln* und der Seeschiffahrtsstraßen-Ordnung,
- eine Darstellung des nationalen Betonnungssystems.

Wir glauben, auf diese Weise eine aufgelockerte, aber nach wie vor übersichtliche Fassung gestaltet zu haben, die die weitverbreitete Angst vor der Gesetzeskunde abzubauen hilft.

Abschließend möchten wir noch darauf hinweisen, daß für die deutschen Küstengewässer, auf denen neben den *Kollisionsverhütungsregeln* die deutsche Seeschiffahrtsstraßen-Ordnung zur Anwendung kommt, in der gleichen Reihe der Band „Seeschiffahrtsstraßen-Ordnung – Für den Sportschiffer" erschienen ist.

Inhalt

Einführung

Die auf der Konferenz der *Zwischenstaatlichen Beratenden Seeschiffahrts-Organisation (IMCO)* im Oktober 1972 verabschiedete und in der Bundesrepublik Deutschland am 15. Juli 1977 in Kraft getretene Fassung der Internationalen Regeln von 1972 zur Verhütung von Zusammenstößen auf See (BGBl II, S. 1017) wurde auf der 18. Vollversammlung der *Internationalen Seeschiffahrts-Organisation (IMO)* am 4. November 1993 durch Beschluß geändert. Diese Änderungen traten **in Deutschland am 4. November 1995** in Kraft.

Für den Sportschiffer sind vor allem folgende Änderungen von Bedeutung:

- **Fischereifahrzeuge von weniger als 20 Meter Länge** dürfen als Tagzeichen nicht mehr den Korb anstelle des Stundenglases führen. Dies gilt sowohl für fischende Trawler (Regel 26 b (ii) als auch für fischende Fahrzeuge, die nicht trawlen (Regel 26 c (i)).
- **Maschinenfahrzeuge, für die nur ein Topplicht vorgeschrieben ist,** müssen dieses Licht vorlicher als mittschiffs anbringen. Dies gilt nicht für Maschinenfahrzeuge von weniger als 20 Meter Länge; diese müssen das Topplicht aber möglichst weit vorn führen (Anlage I Abschnitt 3 d).
- Wird dic **waagerechte Lichtverteilung eines Rundumlichtes** wesentlich beeinträchtigt, so sind zwei Rundumlichter so zu verwenden, daß sie aus einer Entfernung von 1 Seemeile möglichst als ein Licht erscheinen (Anlage I Abschnitt 9 b (ii)).
- Im neu eingefügten Abschnitt 13 der Anlage I wird die **Anordnung der Lichter für Hochgeschwindigkeitsfahrzeuge** geregelt.
- Die in Abschnitt 2 der Anlage II festgelegten **Signale für Trawler beim Ausbringen und Einholen der Netze und wenn das Netz an einem Hindernis hakt,** gelten nunmehr nur noch für Fahrzeuge von 20 oder mehr Meter Länge; das gleiche gilt für die dort festgelegten Signale für **im Gespann fischende Trawler.**
- Als neues Notzeichen wurden zugelassene **Signale, die über Radartransponder auf Überlebensfahrzeugen übermittelt werden,** eingeführt (Anlage IV Abschnitt 10).

Zum 1. November 1998 traten kleinere Änderungen in der **Verordnung zu den Internationalen Regeln von 1972 zur Verhütung von Zusammenstößen auf See** (vgl. S. 70 ff.) in Kraft. Hier ist insbesondere die Präzisierung der **Blutalkoholkonzentration von 0,8 Promille** in § 3 Abs. 4 zu nennen, die der Fahrzeugführer nicht überschreiten darf.

Internationale Regeln von 1972 zur Verhütung von Zusammenstößen auf See

Kollisionsverhütungsregeln (KVR)

in der auf der Konferenz der Zwischenstaatlichen Beratenden Seeschiffahrts-Organisation (IMCO) im Oktober 1972 verabschiedeten und zuletzt durch Beschluß der 18. Vollversammlung der Internationalen Seeschiffahrts-Organisation (IMO) in London vom 4. November 1993 geänderten Fassung.

Zusammenfassung: Geltungsbereich der KVR

Im deutschen Küstenmeer (= 12-Seemeilen-Zone) kommen zwei Verkehrsordnungen nebeneinander zur Anwendung: die Kollisionsverhütungsregeln (KVR) und die Seeschiffahrtsstraßen-Ordnung (SeeSchStrO).

- **Die Kollisionsverhütungsregeln haben internationalen Charakter. Sie gelten auf Hoher See und auf den mit dieser zusammenhängenden, von Seeschiffen befahrbaren Gewässern (Regel 1a).**
- **Die Seeschiffahrtsstraßen-Ordnung ist eine nationale Vorschrift. Sie gilt nur auf den deutschen Seeschiffahrtsstraßen (= 3-Seemeilen-Zone und Fahrwasser im deutschen Küstenmeer).**

Darüber hinaus müssen in manchen Häfen noch örtliche Hafenvorschriften berücksichtigt werden.
Die SeeSchStrO ist eine ergänzende Vorschrift zu den KVR; in gleicher Weise ergänzen die örtlichen Hafenvorschriften die SeeSchStrO, indem sie die besonderen Gegebenheiten in den Häfen berücksichtigen. Grundsätzlich gelten alle diese Vorschriften nebeneinander. Erst wenn sie in einem Punkte einander widersprechen, ist allein die speziellere Regelung anzuwenden: also Hafenvorschriften vor der SeeSchStrO und die SeeSchStrO vor den KVR (Regel 1b). Die jeweils ranghöhere Vorschrift kommt also immer nur subsidiär zur Anwendung.

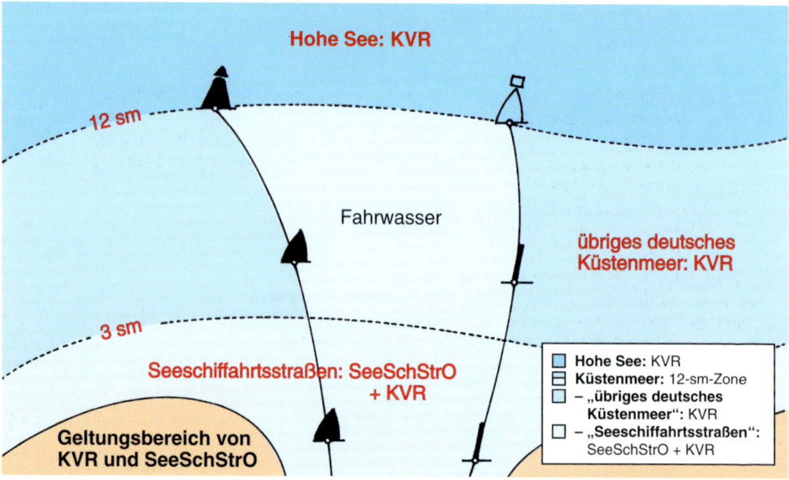

Teil A: Allgemeines

Regel 1 Anwendung

a) **Diese Regeln gelten für alle Fahrzeuge auf Hoher See und auf den mit dieser zusammenhängenden, von Seeschiffen befahrbaren Gewässern.**

b) **Diese Regeln berühren nicht die von einer zuständigen Behörde erlassenen Sondervorschriften[1] für Reeden, Häfen, Flüsse, Seen oder Binnengewässer, die mit der Hohen See zusammenhängen und von Seeschiffen befahrbar sind.** Solche Sondervorschriften müssen mit diesen Regeln soweit wie möglich übereinstimmen.

c) Diese Regeln berühren nicht die von der Regierung eines Staates erlassenen Sondervorschriften über zusätzliche Positions- oder Signallichter, Signalkörper oder Schallsignale für Kriegsschiffe und Fahrzeuge im Geleit oder über zusätzliche Positions- oder Signallichter oder Signalkörper für fischende Fahrzeuge in einer Fangflotte. Diese zusätzlichen Positions- oder Signallichter, Signalkörper oder Schallsignale müssen nach Möglichkeit so beschaffen sein, daß sie nicht mit einem anderen, nach diesen Regeln zulässigen Licht, Signalkörper oder Schallsignal verwechselt werden können.

d) Die Organisation[3] kann für die Zwecke dieser Regeln Verkehrstrennungsgebiete[2] festlegen.

e) In allen Fällen, in denen eine Regierung feststellt, daß ein Fahrzeug besonderer Bauart oder Verwendung eine Regel über Anzahl, Anbringung, Tragweite oder Sichtbereich von Lichtern oder Signalkörpern sowie über Anordnung und Eigenschaften von Schallsignalanlagen nicht in vollem Umfang befolgen kann, muß das Fahrzeug diejenigen sonstigen Bestimmungen über Anzahl, Anbringung, Tragweite oder Sichtbereich von Lichtern oder Signalkörpern sowie über die Anordnung und Eigenschaften von Schallsignalanlagen befolgen, die nach Auffassung der betreffenden Regierung diesen Regeln am nächsten kommen.

---

[1] *In der Bundesrepublik Deutschland sind folgende Sondervorschriften zu berücksichtigen:*
- *Seeschiffahrtsstraßen-Ordnung (SeeSchStrO)*
- *Schiffahrtsordnung Emsmündung (SchiffO Ems): Sie gilt aufgrund eines deutsch-niederländischen Abkommens im deutschen und niederländischen Mündungsgebiet der Ems und auf der Leda anstelle der SeeSchStrO.*
- *Hamburger Hafengesetz mit Durchführungsverordnung*
- *Hamburgische Hafenordnung für Cuxhaven*
- *Bremisches Hafengesetz*
- *Hafenordnung für die Häfen in Schleswig-Holstein*
- *Allgemeine Hafenordnung für die Häfen im Lande Niedersachsen*

[2] *Vgl. die besonderen Ausweich- und Fahrregeln für Verkehrstrennungsgebiete in Regel 10.*

[3] *Gemeint ist die Internationale Seeschiffahrts-Organisation (IMO).*

Regel 2 Verantwortlichkeit

a) **Diese Regeln befreien ein Fahrzeug, dessen Eigentümer, Kapitän oder Besatzung nicht von den Folgen, die durch unzureichende Einhaltung dieser Regeln oder unzureichende sonstige Vorsichtsmaßnahmen entstehen, welche allgemeine seemännische Praxis oder besondere Umstände des Falles erfordern[1].**

b) **Bei Auslegung und Befolgung dieser Regeln sind stets alle Gefahren der Schiffahrt und des Zusammenstoßes sowie alle besonderen Umstände einschließlich Behinderungen der betroffenen Fahrzeuge gebührend zu berücksichtigen, die zum Abwenden unmittelbarer Gefahr ein Abweichen von diesen Regeln erfordern.**

---

[1] *Ein Schiffsführer darf sich deshalb nicht auf die bloße Befolgung der Kollisionsverhütungsregeln beschränken. Vielmehr können besondere Umstände oder Seemannsbrauch in konkreten Situationen weitergehende Maßnahmen erforderlich machen. Ebenso kann eine Vielzahl von Kann- bzw. Darf-Vorschriften der KVR durch besondere Umstände oder Seemannsbrauch zur Mußvorschrift werden. So ist z. B. in bestimmten Situationen auf Grund der Regel 36 die Erregung der Aufmerksamkeit eines anderen Fahrzeuges durch Hinweissignale (etwa durch Anstrahlen der eigenen Segel) geboten.*

Regel 3 Allgemeine Begriffsbestimmungen

Soweit sich aus dem Zusammenhang nicht etwas anderes ergibt, gilt für diese Regeln folgendes:

a) Der Ausdruck „**Fahrzeug**" umfaßt alle Wasserfahrzeuge einschließlich nicht wasserverdrängender Fahrzeuge und Wasserflugzeuge, die als Beförderungsmittel auf dem Wasser verwendet werden oder verwendet werden können.

b) Der Ausdruck „**Maschinenfahrzeug**" bezeichnet ein Fahrzeug mit Maschinenantrieb.

c) **Der Ausdruck „Segelfahrzeug" bezeichnet ein Fahrzeug unter Segel, dessen Maschinenantrieb, falls vorhanden, nicht benutzt wird[1].**

d) Der Ausdruck „**fischendes Fahrzeug**" bezeichnet ein Fahrzeug, das mit Netzen, Leinen, Schleppnetzen oder anderen Fanggeräten fischt, welche die Manövrierfähigkeit einschränken, jedoch nicht ein Fahrzeug, das mit Schleppangeln oder anderen Fanggeräten fischt, welche die Manövrierfähigkeit nicht einschränken.

e) Der Ausdruck „**Wasserflugzeug**" bezeichnet ein zum Manövrieren auf dem Wasser eingerichtetes Luftfahrzeug.

f) Der Ausdruck „**manövrierunfähiges Fahrzeug**" bezeichnet ein Fahrzeug, das wegen außergewöhnlicher Umstände nicht so manövrieren kann, wie es diese

---

[1] *Ein Fahrzeug unter Segel, das gleichzeitig Maschinenkraft benutzt, gilt also als Maschinenfahrzeug. Dies betrifft insbesondere die Ausweichpflicht (Regeln 14, 15 und 18a) sowie die Führung der Lichter und Signalkörper (Regeln 23, 25e).*

Regeln vorschreiben, und daher einem anderen Fahrzeug nicht ausweichen[2] kann.

g) Der Ausdruck **„manövrierbehindertes Fahrzeug"** bezeichnet ein Fahrzeug, das durch die Art seines Einsatzes behindert ist, so zu manövrieren, wie es diese Regeln vorschreiben, und daher einem anderen Fahrzeug nicht ausweichen[2] kann.
Der Ausdruck „manövrierbehinderte Fahrzeuge" umfaßt, ohne darauf beschränkt zu sein[3]:
   (i) ein Fahrzeug, das ein Seezeichen, Unterwasserkabel oder eine Rohrleitung auslegt, versorgt oder aufnimmt;
   (ii) ein Fahrzeug, das baggert, Forschungs- oder Vermessungsarbeiten oder Unterwasserarbeiten ausführt;
   (iii) ein Fahrzeug in Fahrt, das Versorgungsmanöver ausführt oder mit der Übergabe von Personen, Ausrüstung oder Ladung beschäftigt ist;
   (iv) ein Fahrzeug, auf dem Luftfahrzeuge starten oder landen;
   (v) ein Fahrzeug beim Minenräumen;
   (vi) ein Fahrzeug während eines Schleppvorgangs, bei dem das schleppende Fahrzeug und sein Anhang erheblich behindert sind, vom Kurs abzuweichen.

h) Der Ausdruck **„tiefgangbehindertes Fahrzeug"** bezeichnet ein Maschinenfahrzeug, das durch seinen Tiefgang im Verhältnis zu der vorhandenen Tiefe und Breite des befahrbaren Gewässers erheblich behindert ist, von seinem zu verfolgenden Kurs abzuweichen.

i) Der Ausdruck **„in Fahrt"** bedeutet, daß ein Fahrzeug weder vor Anker liegt noch an Land festgemacht ist noch auf Grund sitzt[4].

j) Die Ausdrücke **„Länge"** und **„Breite"** eines Fahrzeugs bedeuten die Länge über alles und die größte Breite.

k) Fahrzeuge gelten nur dann als einander **in Sicht[5]** befindlich, wenn jedes vom anderen optisch wahrgenommen werden kann.

l) Der Ausdruck **„verminderte Sicht"** bezeichnet jeden Zustand, bei dem die Sicht durch Nebel, dickes Wetter, Schneefall, heftige Regengüsse, Sandstürme oder ähnliche Ursachen eingeschränkt ist.

---

[2] *Diesem Fahrzeug ist also grundsätzlich auszuweichen (Regel 18).*

[3] *Vielfach werden diese 6 Fahrzeugarten kurz als „Sechsergruppe" bezeichnet.*

[4] *„In Fahrt" ist nicht identisch mit „Fahrt durchs Wasser" oder mit „Fahrt über Grund". Ein Fahrzeug macht „Fahrt durchs Wasser", sobald es „in Fahrt" ist und sich auf Grund seines Antriebes durch Maschine, Segel oder Ruder relativ zum Wasser bewegt. So macht beispielsweise ein in der Flaute liegendes Segelfahrzeug keine „Fahrt durchs Wasser", befindet sich aber sehr wohl „in Fahrt" im Sinn der KVR.*

[5] *Nicht als „in Sicht" befindlich gelten Fahrzeuge, die einander nur akustisch (etwa durch Nebelsignale) oder mit Radarhilfe wahrnehmen können.*
Dies ist von Bedeutung für die Anwendung der Ausweich- und Fahrregeln: Fahrzeuge in Sicht zueinander müssen den Vorschriften der Regeln 11 bis 18 folgen; Fahrzeuge, die einander nicht in Sicht haben, müssen die Regel 19 befolgen.

Zusammenfassung: Ausweich- und Fahrregeln

Nähern sich zwei Fahrzeuge so, daß Kollisionsgefahr besteht, müssen sie sich entsprechend den Ausweich- und Fahrregeln verhalten. Die Gefahr eines Zusammenstoßes besteht insbesondere dann, wenn sich die Peilung eines sich nähernden Fahrzeuges nicht merklich ändert (Regel 7 d).
Die KVR unterscheiden zwischen Ausweichpflicht und Kurshaltepflicht.

1. Ausweichpflicht

- **Für die Beurteilung der Frage, ob Ausweichpflicht besteht oder nicht, ist die Situation beim ersten Sichtkontakt entscheidend. Eine Änderung der Position der Fahrzeuge zueinander im Verlaufe der Zeit ist insoweit unerheblich.**
- **Das ausweichpflichtige Fahrzeug hat möglichst frühzeitige und wesentliche Maßnahmen zu treffen, um vom Kollisionsgegner gut klar zu bleiben (Regel 16).**

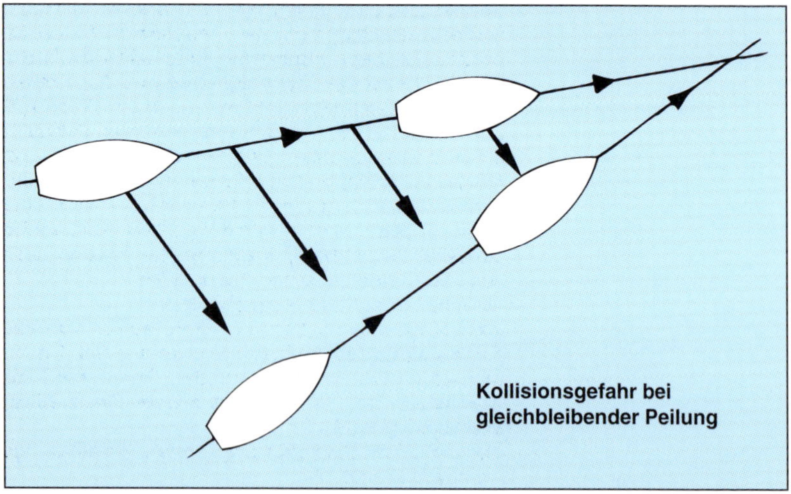

Kollisionsgefahr bei gleichbleibender Peilung

- Jede Kurs- und Geschwindigkeitsänderung hat so deutlich zu erfolgen, daß das andere Fahrzeug sie erkennen kann; eine Folge geringer Kurs- oder Geschwindigkeitsänderungen ist also zu vermeiden (Regel 8 b).
- Beim Ausweichen sollte nicht der Bug des anderen Fahrzeuges gekreuzt, sondern dessen Heck passiert werden (Regel 15).

2. Kurshaltepflicht

- Das nicht ausweichpflichtige Fahrzeug muß grundsätzlich seinen Kurs und seine Geschwindigkeit beibehalten (Regel 17 a [i]), um den Ausweichpflichtigen nicht zu irritieren. Ist nicht klar, ob das ausweichpflichtige Fahrzeug ausreichend manövriert, um einen Zusammenstoß zu vermeiden, kann der Kurshalter seinen Zweifel durch mindestens fünf kurze, rasch aufeinanderfolgende Pfeifentöne anzeigen (Regel 34 d).
- Manöver des vorletzten Augenblicks:
  Sobald jedoch klar ist, daß das andere Fahrzeug seiner Ausweichpflicht nicht nachkommt, darf der Kurshalter durch eigene Manöver (also Änderung von Kurs und Geschwindigkeit) einen Zusammenstoß vermeiden (Regel 17 a [ii]). Diese Vorschrift erlaubt dem nicht ausweichpflichtigen Fahrzeug ein flexibles Verhalten bereits vor der nicht ungefährlichen Situation des Manövers des letzten Augenblicks. Doch muß natürlich der Kurshalter auch dann die allgemeinen Grundsätze beachten, insbesondere also entschlossen, rechtzeitig und deutlich manövrieren (Regeln 8 a und 8 b).
- Manöver des letzten Augenblicks:
  Kommt trotz allem das andere Fahrzeug so nahe, daß es allein durch eigene Manöver einen Zusammenstoß nicht mehr vermeiden kann, muß der Kurshalter das Manöver des letzten Augenblicks ausführen (Regel 17 b).
  Zur richtigen Durchführung beider Manöver vgl. Anm. 2 zu Regel 17 c.

Teil B: Ausweich- und Fahrregeln

Abschnitt I – Verhalten von Fahrzeugen bei allen Sichtverhältnissen

Regel 4 Anwendung

Die Regeln dieses Abschnitts gelten bei allen Sichtverhältnissen.

Regel 5 Ausguck

Jedes Fahrzeug muß jederzeit durch Sehen und Hören sowie durch jedes andere verfügbare Mittel, das den gegebenen Umständen und Bedingungen entspricht, **gehörigen Ausguck halten,** der einen vollständigen Überblick über die Lage und die Möglichkeit der Gefahr eines Zusammenstoßes gibt.

Regel 6 Sichere Geschwindigkeit

Jedes Fahrzeug muß jederzeit mit einer sicheren Geschwindigkeit fahren, so daß es geeignete und wirksame Maßnahmen treffen kann, um einen Zusammenstoß zu vermeiden, und innerhalb einer Entfernung zum Stehen gebracht werden kann, die den gegebenen Umständen und Bedingungen entspricht.
Zur Bestimmung der sicheren Geschwindigkeit müssen unter anderem folgende Umstände berücksichtigt werden:

a) Von allen Fahrzeugen:
   - (i) die Sichtverhältnisse;
   - (ii) die Verkehrsdichte einschließlich Ansammlungen von Fischerei- oder sonstigen Fahrzeugen;
   - (iii) die Manövrierfähigkeit des Fahrzeugs unter besonderer Berücksichtigung der Stoppstrecke und der Dreheigenschaften unter den gegebenen Bedingungen;
   - (iv) bei Nacht eine Hintergrundhelligkeit, z. B. durch Lichter an Land oder eine Rückstrahlung der eigenen Lichter;
   - (v) die Wind-, Seegangs- und Strömungsverhältnisse sowie die Nähe von Schiffahrtsgefahren;
   - (vi) der Tiefgang im Verhältnis zur vorhandenen Wassertiefe.

b) Zusätzlich von Fahrzeugen mit betriebsfähigem Radar:
   - (i) die Eigenschaften, die Wirksamkeit und die Leistungsgrenzen der Radaranlagen;
   - (ii) jede Einschränkung, die sich aus dem eingeschalteten Entfernungsbereich des Radars ergibt;

(iii) der Einfluß von Seegang, Wetter und anderen Störquellen auf die Radaranzeige;
(iv) die Möglichkeit, daß kleine Fahrzeuge, Eis und andere schwimmende Gegenstände durch Radar nicht innerhalb einer ausreichenden Entfernung geortet werden;
(v) die Anzahl, die Lage und die Bewegung der vom Radar georteten Fahrzeuge;
(vi) die genauere Feststellung der Sichtweite, die der Gebrauch des Radars durch Entfernungsmessung in der Nähe von Fahrzeugen oder anderen Gegenständen ermöglicht.

Regel 7 Möglichkeit der Gefahr eines Zusammenstoßes

a) **Jedes Fahrzeug muß mit allen verfügbaren Mitteln entsprechend den gegebenen Umständen und Bedingungen feststellen, ob die Möglichkeit der Gefahr eines Zusammenstoßes besteht. Im Zweifelsfall ist diese Möglichkeit anzunehmen.**
b) Um eine frühzeitige Warnung vor der Möglichkeit der Gefahr eines Zusammenstoßes zu erhalten, muß eine vorhandene und betriebsfähige Radaranlage gehörig gebraucht werden, und zwar einschließlich der Anwendung der großen Entfernungsbereiche, des Plottens oder eines gleichwertig systematischen Verfahrens zur Überwachung georteter Objekte.
c) Folgerungen aus unzulänglichen Informationen, insbesondere aus unzulänglichen Radarinformationen, müssen unterbleiben.
d) Bei der Feststellung, ob die Möglichkeit der Gefahr eines Zusammenstoßes besteht, muß unter anderem folgendes berücksichtigt werden:
   (i) **Eine solche Möglichkeit ist anzunehmen, wenn die Kompaßpeilung eines sich nähernden Fahrzeugs sich nicht merklich ändert[1];**
   (ii) eine solche Möglichkeit kann manchmal auch bestehen, wenn die Peilung sich merklich ändert, insbesondere bei der Annäherung an ein sehr großes Fahrzeug, an einen Schleppzug oder an ein Fahrzeug nahebei.

[1] *Kollisionskurs bzw. die Gefahr eines Zusammenstoßes besteht immer bei gleichbleibender Peilung und ständiger Annäherung eines anderen Fahrzeuges.*
Dies gilt natürlich nicht nur für eine Kompaßpeilung, sondern ebenso für eine Seitenpeilung.

Regel 8 Manöver zur Vermeidung von Zusammenstößen

a) **Jedes Manöver zur Vermeidung eines Zusammenstoßes muß, wenn es die Umstände zulassen, entschlossen, rechtzeitig und so ausgeführt werden, wie gute Seemannschaft es erfordert.**

b) **Jede Änderung des Kurses und/oder der Geschwindigkeit zur Vermeidung eines Zusammenstoßes muß, wenn es die Umstände zulassen, so groß sein, daß ein anderes Fahrzeug optisch oder durch Radar sie schnell erkennen kann; aufeinanderfolgende kleine Änderungen des Kurses und/ oder der Geschwindigkeit sollen vermieden werden.**

c) **Ist genügend Seeraum vorhanden, so kann eine Kursänderung allein die wirksamste Maßnahme zum Meiden des Nahbereichs sein, vorausgesetzt, daß sie rechtzeitig vorgenommen wird, durchgreifend ist und nicht in einen anderen Nahbereich führt.**

d) **Ein Manöver zur Vermeidung eines Zusammenstoßes mit einem anderen Fahrzeug muß zu einem sicheren Passierabstand führen. Die Wirksamkeit des Manövers muß sorgfältig überprüft werden, bis das andere Fahrzeug endgültig vorbei und klar ist.**

e) **Um einen Zusammenstoß zu vermeiden oder mehr Zeit zur Beurteilung der Lage zu gewinnen, muß ein Fahrzeug erforderlichenfalls seine Fahrt mindern oder durch Stoppen oder Rückwärtsgehen jegliche Fahrt wegnehmen.**

f) (i) **Ein Fahrzeug, das auf Grund einer dieser Regeln verpflichtet ist, die Durchfahrt oder die sichere Durchfahrt eines anderen Fahrzeugs nicht zu behindern, muß, wenn es die Umstände erfordern, frühzeitig Maßnahmen ergreifen, um genügend Raum für die sichere Durchfahrt des anderen Fahrzeugs zu lassen.**

(ii) **Ein Fahrzeug, das verpflichtet ist, die Durchfahrt oder die sichere Durchfahrt eines anderen Fahrzeugs nicht zu behindern, ist von dieser Verpflichtung nicht befreit, wenn es sich dem anderen Fahrzeug so nähert, daß die Möglichkeit der Gefahr eines Zusammenstoßes besteht, und muß, wenn es Maßnahmen ergreift, in vollem Umfang die Maßnahmen berücksichtigen, die nach den Regeln dieses Teiles vorgeschrieben sind.**

(iii) **Ein Fahrzeug, dessen Durchfahrt nicht behindert werden darf, bleibt in vollem Umfang verpflichtet, die Regeln dieses Teiles einzuhalten, wenn die beiden Fahrzeuge sich einander so nähern, daß die Möglichkeit der Gefahr eines Zusammenstoßes besteht.**

Regel 9 Enge Fahrwasser

a) Ein Fahrzeug, das der Richtung eines engen Fahrwassers[1] oder einer Fahrrinne folgt, muß sich so nahe am äußeren Rand des Fahrwassers oder der Fahrrinne an seiner Steuerbordseite halten, wie dies ohne Gefahr möglich ist.

b) **Ein Fahrzeug von weniger als 20 Meter Länge oder ein Segelfahrzeug[2] darf nicht die Durchfahrt eines Fahrzeugs behindern, das nur innerhalb eines engen Fahrwassers oder einer Fahrrinne sicher fahren kann[3].**

c) Ein fischendes Fahrzeug darf nicht die Durchfahrt eines anderen Fahrzeugs behindern, das innerhalb eines engen Fahrwassers oder einer Fahrrinne fährt.

d) Ein Fahrzeug darf ein enges Fahrwasser oder eine Fahrrinne nicht queren, wenn dadurch die Durchfahrt eines Fahrzeugs behindert wird, das nur innerhalb eines solchen Fahrwassers oder einer solchen Fahrrinne sicher fahren kann. Das letztere Fahrzeug darf das in Regel 34 Buchstabe d vorgeschriebene Schallsignal geben, wenn es **über die Absichten des querenden Fahrzeugs im Zweifel** ist.

e) (i) Kann in einem engen Fahrwasser oder in einer Fahrrinne nur dann sicher **überholt** werden, wenn das zu überholende Fahrzeug mitwirkt, so muß das überholende Fahrzeug seine Absicht durch das entsprechende Signal nach Regel 34 Buchstabe c Ziffer i anzeigen. Ist das zu überholende Fahrzeug einverstanden, so muß es das entsprechende Signal nach Regel 34 Buchstabe c Ziffer ii geben und Maßnahmen für ein sicheres Passieren treffen. Im Zweifelsfall darf es die in Regel 34 Buchstabe d vorgeschriebenen Signale geben.

(ii) Diese Regel befreit das überholende Fahrzeug nicht von seiner Verpflichtung nach Regel 13.

f) Ein Fahrzeug, das sich einer **Krümmung** oder einem Abschnitt eines engen Fahrwassers oder einer Fahrrinne nähert, wo andere Fahrzeuge durch ein dazwischen liegendes Sichthindernis verdeckt sein können, muß mit besonderer Aufmerksamkeit und Vorsicht fahren und das entsprechende Signal nach Regel 34 Buchstabe e geben.

g) Jedes Fahrzeug muß, wenn es die Umstände zulassen, das **Ankern** in einem engen Fahrwasser vermeiden.

---

[1] *Alle Fahrwasser der deutschen Seeschiffahrtsstraßen gelten als „enge Fahrwasser" im Sinn der KVR (§ 2 Abs. 1 Nr. 1 SeeSchStrO), auf denen also die Vorschriften der Regel 9 zu beachten sind.*

[2] *Gleichgültig, wie lang es ist.*

[3] *Dieses Gebot geht den Ausweichregeln der Regeln 12 ff. vor. Das bedeutet, daß ein kleines Fahrzeug im engen Fahrwasser so manövrieren muß, daß die Ausweichregeln Fahrzeugen gegenüber, die auf das Fahrwasser angewiesen sind, überhaupt nicht zur Anwendung kommen können. Das gleiche gilt in Verkehrstrennungsgebieten gegenüber Maschinenfahrzeugen (Regel 10 j).*

Regel 10 Verkehrstrennungsgebiete

a) Diese Regel gilt in Verkehrstrennungsgebieten, die von der Organisation[1] festgelegt worden sind[2]; sie befreit ein Fahrzeug nicht von seiner Verpflichtung aufgrund einer anderen Regel.

---

[1] *Gemeint ist die Internationale Seeschiffahrts-Organisation (IMO).*

[2] *Im folgenden werden die von der IMO festgelegten Verkehrstrennungsgebiete in Europa (ohne Schwarzes Meer) zusammengestellt (Stand Januar 2001). Daneben gibt es noch eine Reihe von Verkehrstrennungsgebieten in nationalen Gewässern, die nicht von der IMO festgelegt worden sind und in denen zum Teil von Regel 10 abweichende nationale Vorschriften gelten.*

1 Ostsee

Off Sommers Island
Off Hogland (Gogland) Island
Off Rodsher Island
Off Kalbådagrund Lighthouse
Off Porkkala Lighthouse
Off Hankoniemi Peninsula
Off Köpu Peninsula (Hiiumaa Island)
Off Gotland Island
Off Öland Island
South of Gedser
Off Falsterborev
In the Sound
Off Kiel Lighthouse
Between Korsoer and Sprogoe
At Hatter Barn

2 Westeuropäische Gewässer

Off Feistein
Elbe Approach
Terschelling–German Bight
Jade Approach
German Bight Western Approach
Off Texel
In the approaches to Hook of Holland and at North Hinder
Off Vlieland, Vlieland North and Vlieland Junction
Off Friesland
– East Friesland
– West Friesland
– Off Botney Ground
– Off Brown Ridge
At West Hinder
In the Strait of Dover and adjacent waters
Off Land's End, between Seven Stones and Longships
South of the Scilly Isles
West of the Scilly Isles
Off Fastnet Rock
Off Smalls
Off Tuskar Rock
Off Skerries
In the North Channel
Off Casquets
Off Ushant
Off Finisterre
Off Berlenga
Off Cape Roca
Off Cape S. Vicente
At Banco del Hoyo

3 Mittelmeer

In the Strait of Gibraltar
Off Cabo de Grata
Off Cani Island
Off Cape Bon
Saronicos Gulf

b) **Ein Fahrzeug, das ein Verkehrstrennungsgebiet benutzt, muß**
   (i) **auf dem entsprechenden Einbahnweg in der allgemeinen Verkehrsrichtung dieses Weges fahren;**
   (ii) **sich, soweit möglich, von der Trennlinie oder Trennzone klarhalten;**
   (iii) **in der Regel an den Enden des Einbahnweges ein- oder auslaufen; wenn es jedoch von der Seite ein- oder ausläuft, muß dies in einem möglichst kleinen Winkel zur allgemeinen Verkehrsrichtung erfolgen.**

c) **Ein Fahrzeug muß soweit wie möglich das Queren von Einbahnwegen vermeiden; ist es jedoch zum Queren gezwungen, so muß dies möglichst mit der Kielrichtung im rechten Winkel zur allgemeinen Verkehrsrichtung erfolgen.**

d) (i) Ein Fahrzeug darf eine Küstenverkehrszone nicht benutzen, wenn es den entsprechenden Einbahnweg des angrenzenden Verkehrstrennungsgebiets sicher befahren kann. **Fahrzeuge von weniger als 20 Meter Länge, Segelfahrzeuge und fischende Fahrzeuge dürfen die Küstenverkehrszone jedoch benutzen.**
   (ii) Ungeachtet der Ziffer (i) darf ein Fahrzeug eine Küstenverkehrszone benutzen, wenn es sich auf dem Weg zu oder von einem Hafen, einer Einrichtung oder einem Bauwerk vor der Küste, einer Lotsenstation oder einem sonstigen innerhalb der Küstenverkehrszone gelegenen Ort befindet oder zur Abwendung einer unmittelbaren Gefahr.

e) Außer beim Queren oder beim Einlaufen in einen Einbahnweg oder beim Verlassen eines Einbahnweges darf ein Fahrzeug in der Regel nicht in eine Trennzone einlaufen oder eine Trennlinie überfahren, ausgenommen
   (i) in Notfällen zur Abwendung einer unmittelbaren Gefahr;
   (ii) zum Fischen innerhalb einer Trennzone.

f) Im Bereich des Zu- und Abgangs der Verkehrstrennungsgebiete muß ein Fahrzeug mit besonderer Vorsicht fahren.

g) **Ein Fahrzeug muß das Ankern innerhalb eines Verkehrstrennungsgebiets oder im Bereich des Zu- und Abgangs soweit wie möglich vermeiden.**

h) Ein Fahrzeug, das ein Verkehrstrennungsgebiet nicht benutzt, muß von diesem einen möglichst großen Abstand halten.

i) Ein fischendes Fahrzeug darf die Durchfahrt eines Fahrzeugs auf dem Einbahnweg nicht behindern.

j) **Ein Fahrzeug von weniger als 20 Meter Länge oder ein Segelfahrzeug darf die sichere Durchfahrt eines Maschinenfahrzeugs auf dem Einbahnweg nicht behindern.**

k) Ein manövrierbehindertes Fahrzeug, das in einem Verkehrstrennungsgebiet Arbeiten zur Aufrechterhaltung der Sicherheit der Schiffahrt durchführt, ist von der Befolgung dieser Regel befreit, soweit dies zur Ausführung der Arbeiten erforderlich ist.

l) Ein manövrierbehindertes Fahrzeug, das in einem Verkehrstrennungsgebiet Unterwasserkabel auslegt, versorgt oder aufnimmt, ist von der Befolgung dieser Regel befreit, soweit dies zur Ausführung der Arbeiten erforderlich ist.

Zusammenfassung: Die Ausweichregeln für Fahrzeuge in Sicht

1. Überholen

Ein überholendes Fahrzeug ist auf jeden Fall ausweichpflichtig (Regel 13 a). Als Überholer gilt, wer sich einem anderen Fahrzeug beim ersten Sichtkontakt aus dessen Hecklichtsektor nähert (Regel 13 b). Dies gilt auch tagsüber. Im Zweifel hat man davon auszugehen, daß man überholendes Fahrzeug ist (Regel 13 c).

2. Segelfahrzeuge untereinander

Beachte, daß Segelfahrzeuge, deren (Hilfs-)Maschinenkraft benutzt wird, die Ausweichregeln für Maschinenfahrzeuge zu befolgen haben (Regel 3 c). Im übrigen gilt:

- **Haben zwei Segelfahrzeuge den Wind nicht von derselben Seite, so muß das Fahrzeug, das den Wind von Bb hat, dem anderen ausweichen (Regel 12 a [i]).**
- **Haben zwei Segelfahrzeuge den Wind von derselben Seite, so muß das luvwärtige dem leewärtigen ausweichen (Regel 12 a [ii]).**
- **Kann ein Segelfahrzeug mit Wind von Bb nicht mit Sicherheit feststellen, ob ein sich von Luv näherndes Fahrzeug den Wind von Bb oder von Stb hat (etwa wenn es nachts ein grünes Seitenlicht an Bb voraus sichtet, vgl. Skizze auf S. 25), muß es dem anderen ausweichen (Regel 12 a [iii]). Diese Regel beseitigt eine Unsicherheit, da ohne sie in der beschriebenen Situation oft erst im letzten Moment festgestellt werden könnte, ob Ausweichpflicht besteht oder nicht.**
- **Das überholende Fahrzeug ist ausweichpflichtig (Regel 13).**

3. Segelfahrzeuge und andere Fahrzeuge

Jedes Segelfahrzeug muß ausweichen

- **einem manövrierunfähigen Fahrzeug,**

- einem manövrierbehinderten Fahrzeug und
- einem fischenden Fahrzeug,

es sei denn, diese Fahrzeuge überholen das Segelfahrzeug (Regel 18 b).
Außerdem muß vermieden werden, die sichere Durchfahrt eines tiefgangbehinderten Fahrzeuges zu behindern (Regel 18 d [i]).

4. Maschinenfahrzeuge untereinander

- Nähern sich zwei Maschinenfahrzeuge auf (fast) entgegengesetzten Kursen so, daß Kollisionsgefahr besteht (etwa wenn beide Seitenlichter des entgegenkommenden Fahrzeuges sichtbar sind), muß jedes seinen Kurs nach Stb so ändern, daß sie einander an Bb passieren (Regel 14).
- Kreuzen die Kurse zweier Maschinenfahrzeuge derart, daß Kollisionsgefahr besteht, muß dasjenige ausweichen, welches das andere an seiner Stb-Seite hat (= „rechts vor links“) (Regel 15).
- Das überholende Fahrzeug ist ausweichpflichtig (Regel 13).

5. Maschinenfahrzeuge und andere Fahrzeuge

Jedes Maschinenfahrzeug muß ausweichen
- einem manövrierunfähigen Fahrzeug,
- einem manövrierbehinderten Fahrzeug,
- einem fischenden Fahrzeug und
- einem Segelfahrzeug,

es sei denn, diese Fahrzeuge überholen das Maschinenfahrzeug (Regel 18 a).
Außerdem muß vermieden werden, die sichere Durchfahrt eines tiefgangbehinderten Fahrzeuges zu behindern (Regel 18 d [i]).

6. Sonderfälle

Darüber hinaus sind die besonderen Regeln für enge Fahrwasser (Regel 9) und für Verkehrstrennungsgebiete (Regel 10) zu beachten!

Abschnitt II – Verhalten von Fahrzeugen, die einander in Sicht haben

Regel 11 Anwendung

Die Regeln dieses Abschnitts gelten für Fahrzeuge, die einander in Sicht haben.

Regel 12 Segelfahrzeuge

a) **Wenn zwei Segelfahrzeuge[1] sich einander so nähern, daß die Möglichkeit der Gefahr eines Zusammenstoßes besteht, muß das eine dem anderen wie folgt ausweichen:**
   (i) **Wenn sie den Wind nicht von derselben Seite haben, muß das Fahrzeug, das den Wind von Backbord hat, dem anderen ausweichen;**
   (ii) **wenn sie den Wind von derselben Seite haben, muß das luvwärtige Fahrzeug dem leewärtigen ausweichen;**
   (iii) **wenn ein Fahrzeug mit Wind von Backbord ein Fahrzeug in Luv sichtet und nicht mit Sicherheit feststellen kann, ob das andere Fahrzeug den Wind von Backbord oder von Steuerbord hat, muß es dem anderen ausweichen.**

b) **Im Sinne dieser Regel ist die Luvseite diejenige Seite, die dem gesetzten Großsegel gegenüberliegt, auf Rahseglern diejenige Seite, die dem größten gesetzten Schratsegel gegenüberliegt.**

[1] *Vgl. Regel 3 c.*

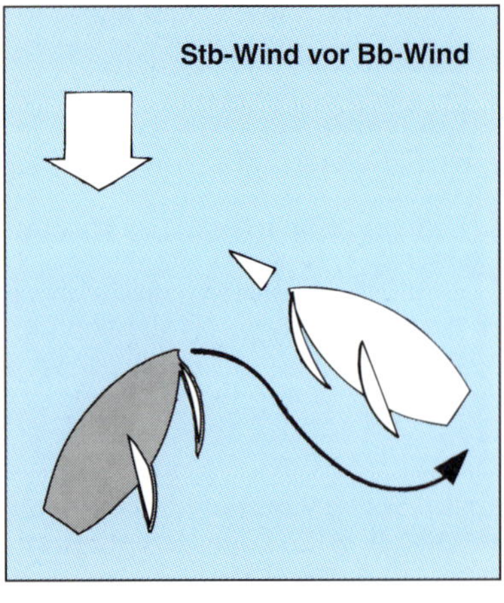

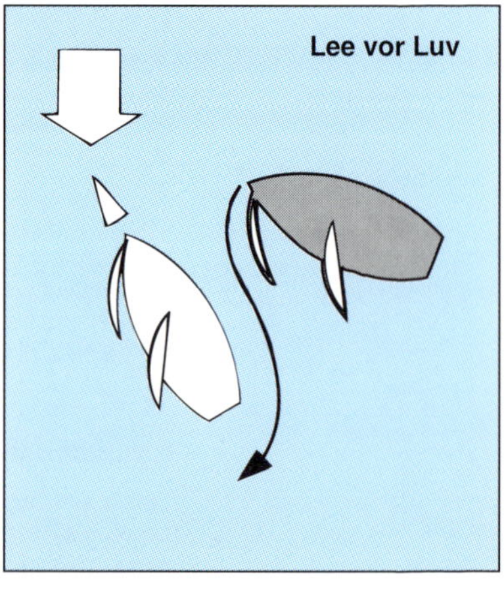

Regel 13 Überholen

a) **Ungeachtet der Regel des Teiles B Abschnitt I und II muß jedes Fahrzeug beim Überholen dem anderen ausweichen.**

b) **Ein Fahrzeug gilt als überholendes Fahrzeug, wenn es sich einem anderen aus einer Richtung von mehr als 22,5 Grad achterlicher als querab nähert[1] und daher gegenüber dem zu überholenden Fahrzeug so steht, daß es bei Nacht nur dessen Hecklicht, aber keines der Seitenlichter sehen könnte[2].**

c) **Kann ein Fahrzeug nicht sicher erkennen, ob es ein anderes überholt, so muß es dies annehmen und entsprechend handeln.**

d) **Durch eine spätere Änderung der Peilung wird das überholende Fahrzeug weder zu einem kreuzenden[3] im Sinne dieser Regeln noch wird es von der Verpflichtung entbunden, dem anderen Fahrzeug auszuweichen, bis es dieses klar passiert hat.**

---

[1] *Also genau aus dem Hecklichtsektor, vgl. Regel 21 c. Dies gilt natürlich auch tagsüber. Beachte dann Regel 13 c.*

[2] *Ob eine Situation der Regel 13, 14 oder 15 vorliegt, entscheidet sich beim ersten Sichtkontakt. Danach darf das nicht ausweichpflichtige Fahrzeug (= Kurshalter) nur noch bedingt von seinem Kurs abweichen (vgl. Regel 17 a [ii] und 17 b). Das ausweichpflichtige Fahrzeug hat seine Manöver durch Signale nach Regel 34 anzuzeigen.*

[3] *Vgl. Regel 15.*

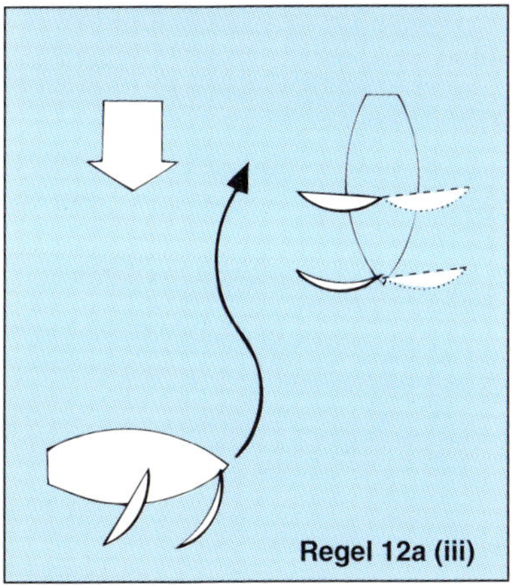

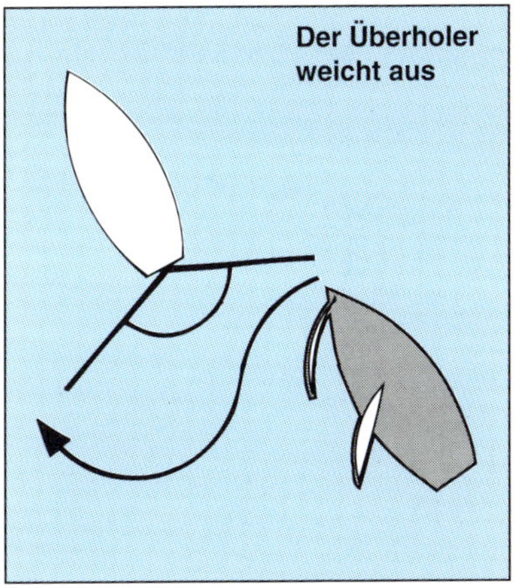

Regel 14 Entgegengesetzte Kurse

a) **Wenn zwei Maschinenfahrzeuge auf entgegengesetzten oder fast entgegengesetzten Kursen sich einander so nähern, daß die Möglichkeit der Gefahr eines Zusammenstoßes besteht, muß jedes seinen Kurs nach Steuerbord so ändern, daß sie einander an Backbordseite passieren.**

b) **Eine solche Lage muß angenommen werden, wenn ein Fahrzeug das andere recht voraus oder fast recht voraus sieht, bei Nacht die Topplichter des anderen in Linie oder fast in Linie und/oder beide Seitenlichter sieht und am Tage das andere Fahrzeug dementsprechend ausmacht.**

c) **Kann ein Fahrzeug nicht sicher erkennen, ob eine solche Lage besteht, so muß es von dieser ausgehen und entsprechend handeln.**

Regel 15 Kreuzende Kurse

Wenn die Kurse zweier Maschinenfahrzeuge einander so kreuzen, daß die Möglichkeit der Gefahr eines Zusammenstoßes besteht, muß dasjenige ausweichen, welches das andere an seiner Steuerbordseite hat; wenn die Umstände es zulassen, muß es vermeiden, den Bug des anderen Fahrzeugs zu kreuzen.

Regel 16 Maßnahmen des Ausweichpflichtigen

Jedes ausweichpflichtige Fahrzeug muß möglichst frühzeitig und durchgreifend handeln, um sich gut klar zu halten.

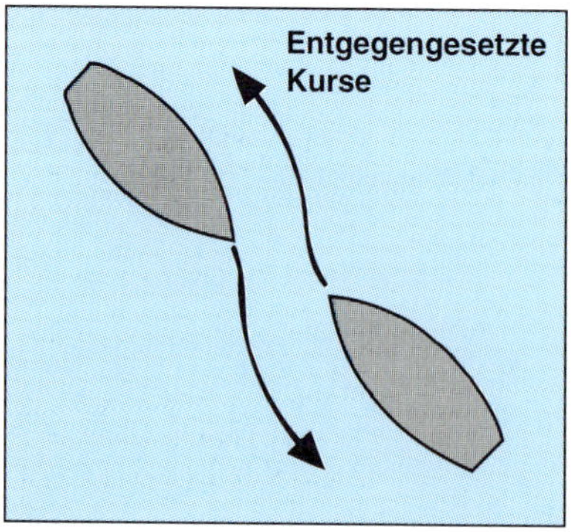

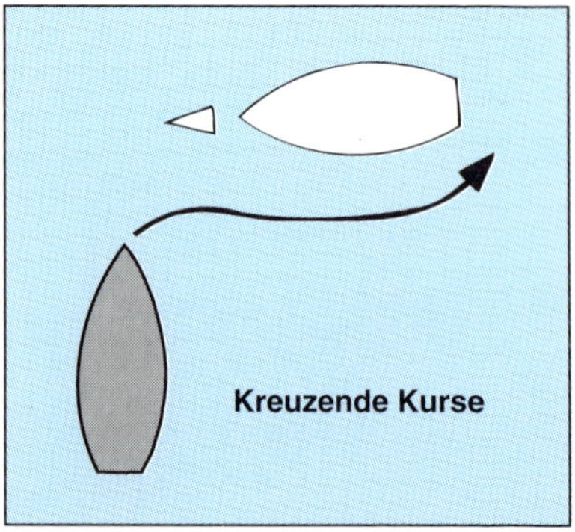

Regel 17 Maßnahmen des Kurshalters

a) (i) **Muß von zwei Fahrzeugen eines ausweichen, so muß das andere Kurs und Geschwindigkeit beibehalten (Kurshalter).**
(ii) **Der Kurshalter darf jedoch zur Abwendung eines Zusammenstoßes selbst manövrieren, sobald klar wird, daß der Ausweichpflichtige nicht angemessen nach diesen Regeln handelt[1].**

b) **Ist der Kurshalter dem Ausweichpflichtigen aus irgendeinem Grund so nahe gekommen, daß ein Zusammenstoß durch Manöver des letzteren allein nicht vermieden werden kann, so muß der Kurshalter so manövrieren, wie es zur Vermeidung eines Zusammenstoßes am dienlichsten ist.**

c) **Ein Maschinenfahrzeug, das bei kreuzenden Kursen nach Buchstabe a Ziffer ii manövriert, um einen Zusammenstoß mit einem anderen Maschinenfahrzeug zu vermeiden, darf seinen Kurs, sofern die Umstände es zulassen, gegenüber einem Fahrzeug an seiner Backbordseite nicht nach Backbord ändern[2].**

d) Diese Regel befreit das ausweichpflichtige Fahrzeug nicht von seiner Ausweichpflicht.

[1] *Ein derartiges Manöver ist durch ein Signal gemäß Regel 34 anzuzeigen.*

[2] *Diese Regel will eine Kollision verhindern, falls das ausweichpflichtige Fahrzeug doch noch seiner Ausweichpflicht nachkommen sollte. Auf Segelfahrzeuge ist diese Vorschrift nicht ohne weiteres übertragbar, da für sie andere Ausweichregeln gelten. So kann es für eine Segelyacht in dieser Situation durchaus sinnvoll sein, ihren Kurs nach Backbord zu ändern (vgl. Skizze). Auf jeden Fall sollte man in Fahrtrichtung des Kollisionsgegners ausweichen.*

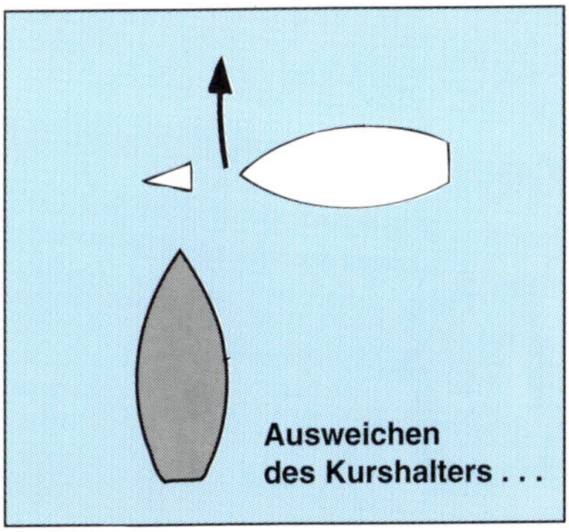

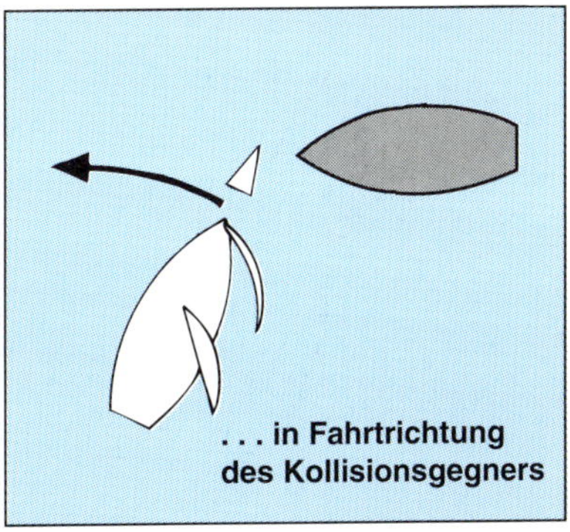

Regel 18 Verantwortlichkeit der Fahrzeuge untereinander

Sofern in den Regeln 9, 10 und 13 nicht etwas anderes bestimmt ist[1], gilt folgendes:

a) **Ein Maschinenfahrzeug in Fahrt[2] muß ausweichen**
   (i) **einem manövrierunfähigen Fahrzeug;**
   (ii) **einem manövrierbehinderten Fahrzeug;**
   (iii) **einem fischenden Fahrzeug;**
   (iv) **einem Segelfahrzeug.**

b) **Ein Segelfahrzeug[3] in Fahrt[2] muß ausweichen**
   (i) **einem manövrierunfähigen Fahrzeug;**
   (ii) **einem manövrierbehinderten Fahrzeug;**
   (iii) **einem fischenden Fahrzeug.**

c) Ein fischendes Fahrzeug muß, soweit möglich, ausweichen
   (i) einem manövrierunfähigen Fahrzeug;
   (ii) einem manövrierbehinderten Fahrzeug.

d) (i) Jedes Fahrzeug mit Ausnahme eines manövrierunfähigen oder manövrierbehinderten muß, sofern die Umstände es zulassen, vermeiden, die **sichere Durchfahrt eines tiefgangbehinderten Fahrzeugs** zu behindern, das Signale nach Regel 28 zeigt.
   (ii) Ein tiefgangbehindertes Fahrzeug muß unter Berücksichtigung seines besonderen Zustands mit besonderer Vorsicht navigieren.

e) Ein Wasserflugzeug auf dem Wasser muß sich in der Regel von allen Fahrzeugen gut klar halten und vermeiden, deren Manöver zu behindern. Sobald jedoch die Möglichkeit der Gefahr eines Zusammenstoßes besteht, muß es die Regeln dieses Teiles befolgen.

---

[1] *In Regel 13 ist z. B. bestimmt, daß ein überholendes Fahrzeug stets ausweichpflichtig ist. Diese Regel geht der Regel 18 vor. Deshalb muß ein manövrierunfähiges bzw. manövrierbehindertes Fahrzeug, das ein Maschinenfahrzeug oder ein Segelfahrzeug in Fahrt überholt, trotz Regel 18 ausweichen.*

[2] *Vgl. Regel 3 i.*

[3] *Vgl. Regel 3 c.*

Abschnitt III – Verhalten von Fahrzeugen bei verminderter Sicht

Regel 19 Verhalten von Fahrzeugen bei verminderter Sicht

a) Diese Regel gilt für Fahrzeuge, die einander nicht in Sicht haben, wenn sie in oder in der Nähe eines Gebietes mit verminderter Sicht[1] fahren.

b) **Jedes Fahrzeug muß mit sicherer Geschwindigkeit[2] fahren, die den gegebenen Umständen und Bedingungen der verminderten Sicht angepaßt ist. Ein Maschinenfahrzeug muß seine Maschinen für ein sofortiges Manöver bereithalten.**

c) Jedes Fahrzeug muß bei der Befolgung der Regeln des Abschnitts I die gegebenen Umstände und Bedingungen der verminderten Sicht gehörig berücksichtigen.

d) Ein Fahrzeug, das ein anderes Fahrzeug lediglich mit Radar ortet, muß ermitteln, ob sich eine Nahbereichslage entwickelt und/oder die Möglichkeit der Gefahr eines Zusammenstoßes besteht. Ist dies der Fall, so muß es frühzeitig Gegenmaßnahmen treffen; ändert es deshalb seinen Kurs, so muß es nach Möglichkeit folgendes vermeiden:
   (i) eine Kursänderung nach Backbord gegenüber einem Fahrzeug vorlicher als querab, außer beim Überholen;
   (ii) eine Kursänderung auf ein Fahrzeug zu, das querab oder achterlicher als querab ist.

e) Außer nach einer Feststellung, daß keine Möglichkeit der Gefahr eines Zusammenstoßes besteht, **muß jedes Fahrzeug, das anscheinend vorlicher als querab das Nebelsignal eines anderen Fahrzeugs hört** oder das eine Nahbereichslage mit einem anderen Fahrzeug vorlicher als querab nicht vermeiden kann, **seine Fahrt auf das für die Erhaltung der Steuerfähigkeit geringstmögliche Maß verringern[3].** Erforderlichenfalls muß es jegliche Fahrt wegnehmen und in jedem Fall mit äußerster Vorsicht manövrieren, bis die Gefahr eines Zusammenstoßes vorüber ist.

---

[1] *Vgl. Regel 3 l.*

[2] *Das heißt, das Fahrzeug kann auf halbe Sichtweite zum Stehen gebracht werden.*

[3] *Also keine Ausweichmanöver auf Grund gehörter Schallsignale (vgl. Anm. 2 zu Regel 35), sondern nur nach erkannter Lage und Verhaltensweise des Kollisionsgegners! Die Kollisionsgefahr ist erst vorüber, wenn sie nach erkannter Lage des anderen Fahrzeuges ausgeschlossen oder dessen Schallsignal achterlicher als querab ausgewandert ist.*

Zusammenfassung: Lichter und Signalkörper

Das Kernstück der KVR bilden die Ausweich- und Fahrregeln. Um sie zu befolgen, muß man den Kurs eines möglichen Kollisionsgegners oder die Art eines Fahrzeugs rechtzeitig erkennen können. Hierzu führen die einzelnen Fahrzeuge nachts verschiedene Lichter und tagsüber zum Teil bestimmte Signalkörper.

Lichter

Die vorgeschriebenen Lichter sind bei jedem Wetter von Sonnenuntergang bis Sonnenaufgang zu führen. Bei verminderter Sicht wie Nebel, Schneefall oder heftigen Regenschauern müssen sie auch tagsüber geführt werden (Regel 20 b und 20 c).
Die KVR unterscheiden folgende Lichter (Regel21):

- **Topplicht: Es scheint unbehindert über einen Horizontbogen von 225°, und zwar nach jeder Seite von recht voraus bis 22,5° achterlicher als querab. Es ist immer weiß.**
- **Seitenlichter: Sie strahlen unbehindert über einen Horizontbogen von jeweils 112,5°, und zwar entweder nach Stb oder nach Bb von recht voraus bis 22,5° achterlicher als querab. Beide Seitenlichter überstrahlen somit gemeinsam den Sektor des Topplichtes. Das Stb-Seitenlicht ist immer grün, das Bb-Seitenlicht immer rot. Auf Fahrzeugen unter 20 m Länge dürfen sie in einer Zweifarbenlaterne geführt werden (Regel 21 b).**
- **Hecklicht: Es ist ein so nah wie möglich am Heck angebrachtes Licht, das unbehindert über einen Horizontbogen von 135° scheint, und zwar 67,5° von recht achteraus nach jeder Seite. Topplicht und Hecklicht überstrahlen also gemeinsam einen Vollkreis von 360°. Das Hecklicht ist immer weiß.**
- **Schlepplicht: Dieses Licht entspricht dem Hecklicht, doch ist es immer gelb.**
- **Rundumlicht: Es ist über den ganzen Horizontbogen, d. h. über einen Vollkreis von 360°, sichtbar.**

- Funkellicht: Dies ist ein in regelmäßigen Zeitabständen blitzendes Licht. Es ist immer über den ganzen Horizontbogen sichtbar.

Sprechen die KVR davon, daß ein Licht zu „führen“ ist, so hat es während der vorgeschriebenen Zeiten dauernd zu brennen. Ist es jedoch nur zu „zeigen“, muß es bei Annäherung anderer Fahrzeuge nur so lange leuchten, bis es wahrgenommen wurde, bis Manöver gemäß den Ausweich- und Fahrregeln durchgeführt wurden und bis die Gefahr eines Zusammenstoßes nicht mehr besteht.

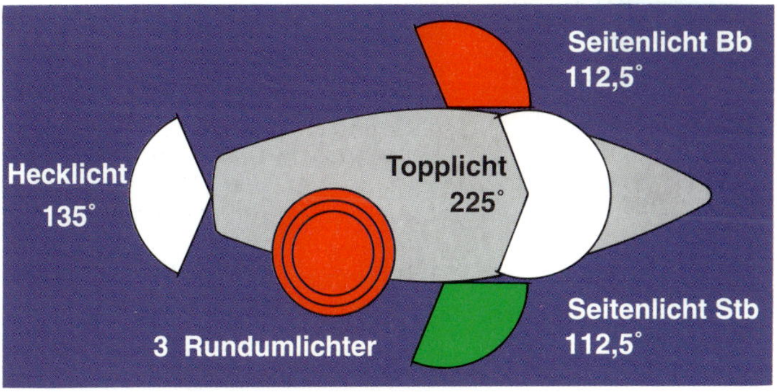

Positionslaternen

Unter Positionslaternen versteht man alle Laternen, die zur Lichterführung nach den KVR und der SeeSchStrO verwendet werden müssen. Deutsche Sportfahrzeuge, die nicht den Vorschriften der Schiffssicherheitsverordnung unterliegen, dürfen nur solche Positionslaternen verwenden, deren Baumuster vom Bundesamt für Seeschiffahrt und Hydrographie (BSH) zugelassen sind. Zugelassene Laternen entsprechen den vorgeschriebenen Mindesttragweiten, Farbwerten und Sichtwinkeln. Sie tragen das Zeichen der Prüfstelle und dürfen nur in einem vom BSH anerkannten Reparaturbetrieb geändert oder repariert werden.
Schiffsführer und Eigner haben für die Wirksamkeit und Betriebssicherheit der Laternen zu sorgen.

Wer sein Fahrzeug nicht mit zugelassenen Positionslaternen ausrüstet, sie falsch angebracht oder abgeschirmt führt oder eine Kontrolle nicht ermöglicht, begeht eine Ordnungswidrigkeit, die mit Geldbuße geahndet werden kann. Darüber hinaus wird ein nicht ordnungsgemäß mit Positionslaternen ausgerüstetes Schiff als seeuntüchtig angesehen, was im Schadensfall u. U. zum Verlust des Versicherungsschutzes führen kann.

Signalkörper

Sie sind schwarz und müssen zwischen Sonnenaufgang und Sonnenuntergang geführt werden. Die KVR unterscheiden folgende Signalkörper (Anlage I, Ziff. 6 auf S. 58):
- Ball
- Kegel
- Zylinder
- Rhombus (Doppelkegel)
- Stundenglas

Ihr Durchmesser und ihre Höhe sollen nicht kleiner als 60 cm sein, die Höhe des Zylinders und des Doppelkegels nicht kleiner als 1,20 m. Doch dürfen Fahrzeuge von weniger als 20 m Länge kleinere, der Größe des Fahrzeuges entsprechende Signalkörper verwenden.

Teil C: Lichter und Signalkörper

Regel 20 Anwendung

a) Die Regeln dieses Teiles müssen bei jedem Wetter befolgt werden.
b) **Die Regeln über Lichter müssen zwischen Sonnenuntergang und Sonnenaufgang befolgt werden; während dieser Zeit dürfen keine Lichter geführt[1] oder gezeigt[2] werden, die mit den in diesen Regeln genannten Lichtern verwechselt werden können, deren Sichtbarkeit oder Unterscheidungsmöglichkeit beeinträchtigen oder den gehörigen Ausguck behindern.**
c) **Die in diesen Regeln vorgeschriebenen Lichter müssen, wenn sie mitgeführt werden, bei verminderter Sicht[3] auch zwischen Sonnenaufgang und Sonnenuntergang geführt oder gezeigt werden; in allen anderen Fällen dürfen sie geführt oder gezeigt werden, wenn es für erforderlich gehalten wird.**
d) Die Regeln über Signalkörper müssen am Tage befolgt werden.
e) Die in diesen Regeln genannten Lichter und Signalkörper müssen den Bestimmungen der Anlage I[4] entsprechen.

---

[1] *Ist ein Licht nach den KVR zu „führen", so hat es während der vorgeschriebenen Zeiten dauernd zu brennen.*
[2] *Ist ein Licht nach den KVR nur zu „zeigen", so braucht es bei der Annäherung anderer Fahrzeuge nur solange zu leuchten, bis es wahrgenommen wurde, etwa notwendige Manöver durchgeführt wurden und keine Kollisionsgefahr mehr besteht.*
[3] *Vgl. Regel 3 l.*
[4] *Vgl. S. 56.*

Regel 21 Begriffsbestimmungen

a) **„Topplicht"** bedeutet ein weißes Licht über der Längsachse des Fahrzeugs, das unbehindert über einen Horizontbogen von 225 Grad scheint, und zwar von recht voraus bis 22,5 Grad achterlicher als querab nach jeder Seite.
b) **„Seitenlichter"** bedeutet ein grünes Licht an der Steuerbordseite und ein rotes Licht an der Backbordseite, die jeweils unbehindert über einen Horizontbogen von 112,5 Grad scheinen, und zwar nach der betreffenden Seite von recht voraus bis 22,5 Grad achterlicher als querab. **Auf einem Fahrzeug von weniger als 20 Meter Länge dürfen die Seitenlichter in einer Zweifarbenlaterne über der Längsachse geführt werden.**
c) **„Hecklicht"** bedeutet ein weißes Licht, das so nahe wie möglich am Heck angebracht ist und das unbehindert über einen Horizontbogen von 135 Grad scheint, und zwar von recht achteraus 67,5 Grad nach jeder Seite.
d) **„Schlepplicht"** bedeutet ein gelbes Licht mit den Eigenschaften des unter Buchstabe c beschriebenen Hecklichts.

e) **„Rundumlicht“** bedeutet ein Licht, das unbehindert über einen Horizontbogen von 360 Grad scheint.

f) **„Funkellicht“** bedeutet ein Licht mit 120 oder mehr regelmäßigen Lichterscheinungen in der Minute.

Regel 22 Tragweite der Lichter

Die in diesen Regeln vorgeschriebenen Lichter müssen die in Abschnitt 8 der Anlage I[1] angegebenen Lichtstärken haben, so daß folgende Mindesttragweiten[2] erreicht werden:

a) Auf Fahrzeugen von 50 und mehr Meter Länge
   - Topplicht, 6 Seemeilen;
   - Seitenlicht, 3 Seemeilen;
   - Hecklicht, 3 Seemeilen;
   - Schlepplicht, 3 Seemeilen;
   - weißes, rotes, grünes oder gelbes Rundumlicht, 3 Seemeilen.

b) **Auf Fahrzeugen von 12 und mehr, jedoch weniger als 50 Meter Länge**
   - **Topplicht, 5 Seemeilen; auf Fahrzeugen von weniger als 20 Meter Länge, 3 Seemeilen;**
   - **Seitenlicht, 2 Seemeilen;**
   - **Hecklicht, 2 Seemeilen;**
   - **Schlepplicht, 2 Seemeilen;**
   - **weißes, rotes, grünes oder gelbes Rundumlicht, 2 Seemeilen.**

c) **Auf Fahrzeugen von weniger als 12 Meter Länge**[3]
   - **Topplicht, 2 Seemeilen;**
   - **Seitenlicht, 1 Seemeile;**
   - **Hecklicht, 2 Seemeilen;**
   - **Schlepplicht, 2 Seemeilen;**
   - **weißes, rotes, grünes oder gelbes Rundumlicht, 2 Seemeilen.**

d) Auf schwer erkennbaren, teilweise getauchten Fahrzeugen oder Gegenständen, die geschleppt werden – weißes Rundumlicht, 3 Seemeilen.

---

[1] *Vgl. S. 56.*

[2] *„Tragweite“ ist der Abstand, in dem ein Licht bei normaler Sicht gerade noch wahrnehmbar ist.*

[3] *Die SeeSchStrO stellt in § 8 Abs. 2 strengere Anforderungen: Auch die Seitenlichter müssen eine Mindesttragweite von 2 sm haben, vgl. S. 76/77.*

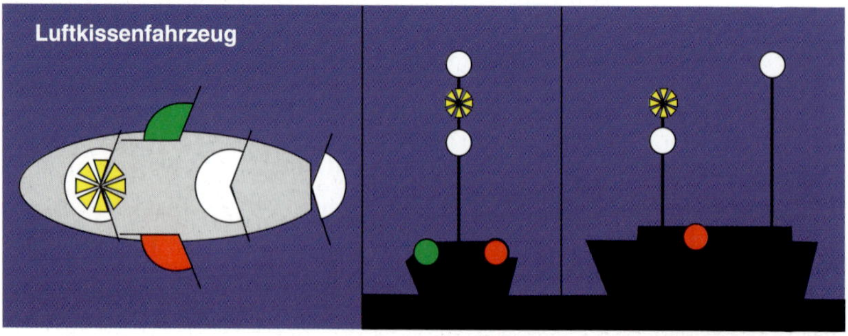

Regel 23 Maschinenfahrzeuge in Fahrt

a) **Ein Maschinenfahrzeug[1] in Fahrt[2] muß führen**
   (i) **ein Topplicht vorn[3];**
   (ii) **ein zweites Topplicht achterlicher und höher als das vordere; ein Fahrzeug von weniger als 50 Meter Länge kann ein solches Licht führen, ist jedoch nicht dazu verpflichtet;**
   (iii) **Seitenlichter[4];**
   (iv) **ein Hecklicht.**

b) Ein **Luftkissenfahrzeug,** das im nichtwasserverdrängenden Zustand navigiert, muß außer den unter Buchstabe a vorgeschriebenen Lichtern ein gelbes Rundumlicht als Funkellicht führen.

c) (i) **Ein Maschinenfahrzeug von weniger als 12 Meter Länge darf an Stelle der unter Buchstabe a vorgeschriebenen Lichter ein weißes Rundumlicht und Seitenlichter führen;**

---

1 *Vgl. Regel 3 b.*
2 *Vgl. Regel 3 i mit Anmerkung 4.*
3 *Zur senkrechten Anordnung des Topplichtes bei kleinen Fahrzeugen vgl. Anlage I, Abschnitt 2 c und 2 d.*
4 *Auf einem Fahrzeug unter 20 m Länge können beide Seitenlichter in einer Zweifarbenlaterne vereinigt sein (vgl. Regel 21 b und die Tabelle auf S. 76/77).*

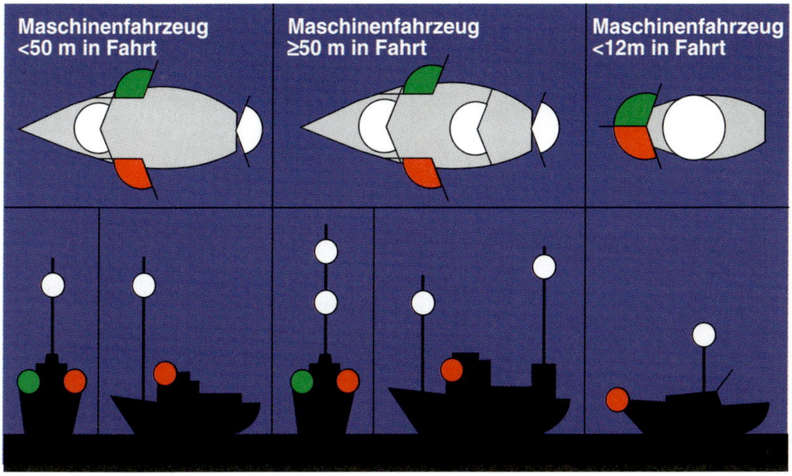

(ii) **ein Maschinenfahrzeug von weniger als 7 Meter Länge, dessen Höchstgeschwindigkeit 7 Knoten nicht übersteigt, darf an Stelle der unter Buchstabe a vorgeschriebenen Lichter ein weißes Rundumlicht und muß, wenn möglich, außerdem Seitenlichter führen;**

(iii) **das Topplicht oder das weiße Rundumlicht auf einem Maschinenfahrzeug von weniger als 12 Meter Länge darf außerhalb der Längsachse des Fahrzeugs geführt werden,** wenn die Anbringung über der Längsachse nicht möglich ist, vorausgesetzt, daß die Seitenlichter in einer Zweifarbenlaterne über der Längsachse des Fahrzeugs geführt oder so nahe wie möglich in derselben Längsachse wie das Topplicht oder das weiße Rundumlicht angebracht werden.

Regel 24 Schleppen und Schieben

a) **Ein schleppendes Maschinenfahrzeug[1] muß führen**

(i) an Stelle des in Regel 23 Buchstabe a Ziffer i oder ii vorgeschriebenen Lichtes zwei Topplichter senkrecht übereinander. Wenn der Schleppzug vom Heck des schleppenden Fahrzeugs bis zum Ende des Anhangs länger als 200 Meter ist, drei solche Lichter senkrecht übereinander;

(ii) Seitenlichter;

(iii) ein Hecklicht;

(iv) ein Schlepplicht[1a] senkrecht über dem Hecklicht;

(v) wenn der Schleppzug länger als 200 Meter[2] ist, einen rhombusförmigen Signalkörper dort, wo er am besten gesehen werden kann[3].

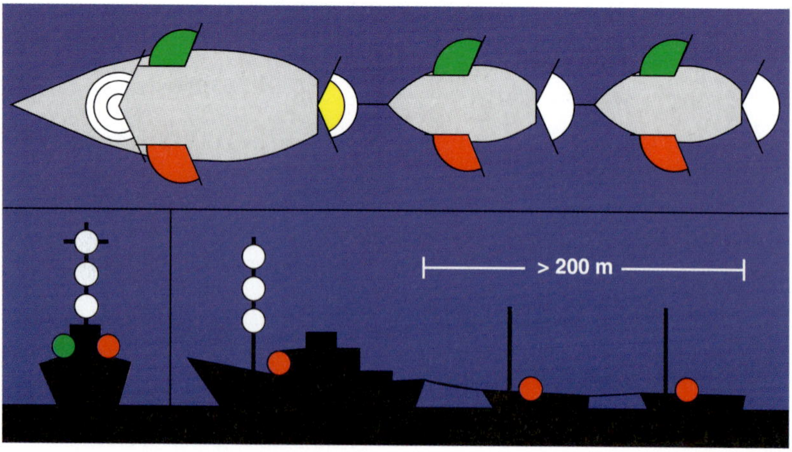

b) Sind ein schiebendes und ein geschobenes Fahrzeug zu einer zusammengesetzten Einheit starr miteinander verbunden, so gelten sie als ein Maschinenfahrzeug und müssen die in Regel 23 vorgeschriebenen Lichter führen.

c) Ein schiebendes oder längsseits schleppendes Maschinenfahrzeug muß, ausgenommen im Fall einer zusammengesetzten Einheit[4], führen
   (i) anstelle des in Regel 23 Buchstabe a Ziffer i oder ii vorgeschriebenen Lichtes zwei Topplichter senkrecht übereinander;
   (ii) Seitenlichter;
   (iii) ein Hecklicht.

d) Ein Maschinenfahrzeug, für das Buchstabe a oder c dieser Regel gilt, muß auch Regel 23 Buchstabe a Ziffer ii befolgen.

e) **Ein geschlepptes Fahrzeug** oder ein geschleppter Gegenstand mit Ausnahme der unter Buchstabe g genannten muß führen
   (i) Seitenlichter;
   (ii) ein Hecklicht[5];
   (iii) wenn der Schleppzug länger als 200 Meter ist, einen rhombusförmigen Signalkörper dort, wo er am besten gesehen werden kann.

f) In beliebiger Anzahl längsseits geschleppte oder in einer Gruppe geschobene Fahrzeuge müssen die Lichter wie ein einzelnes Fahrzeug führen, wobei
   (i) ein geschobenes Fahrzeug, das nicht Teil einer zusammengesetzten Einheit[4] ist, vorn Seitenlichter führen muß;
   (ii) ein längsseits geschlepptes Fahrzeug ein Hecklicht und vorn Seitenlichter führen muß.

---

[1] *Ist ein Schleppverband nicht in der Lage, von seinem Kurs abzuweichen, führt er zusätzlich Rot-Weiß-Rot (Ball-Rhombus-Ball) übereinander (vgl. Regel 27 c).*
[1a] *Vgl. Regel 21 d.*
[2] *Die Länge eines Schleppverbandes wird vom Heck des schleppenden Fahrzeuges bis zum äußersten Ende des Schleppverbandes gemessen, vgl. oben Buchstabe a (i).*
[3] *Es sind also tagsüber keine Signalkörper erforderlich, falls der Schleppverband kürzer als 200 m ist.*
[4] *Das heißt eine im Sinn von Buchstabe b starr miteinander verbundene Einheit.*
[5] *Schleppanhänge führen also keine Topplichter – selbst dann nicht, wenn ihre Maschinen in Betrieb sind.*

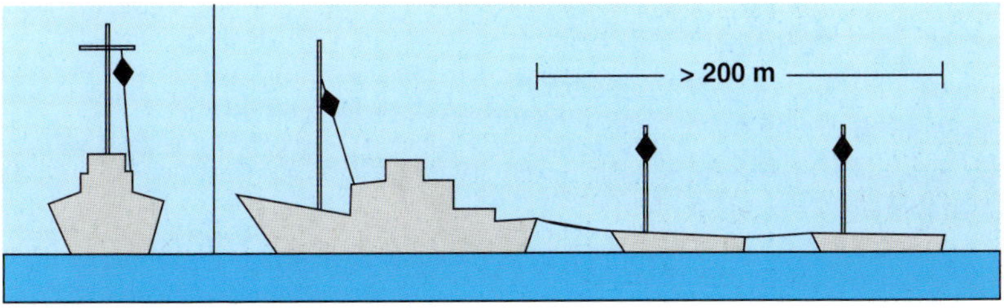

g) **Ein schwer erkennbares, teilweise getauchtes geschlepptes Fahrzeug oder ein schwer erkennbarer, teilweise getauchter geschleppter Gegenstand** oder eine Kombination solcher Fahrzeuge oder Gegenstände muß führen
   (i) bei einer Breite von weniger als 25 Meter je ein weißes Rundumlicht an oder nahe dem vorderen und hinteren Ende, wobei Transportschläuche das vordere Licht nicht zu führen brauchen;
   (ii) bei einer Breite von 25 und mehr Meter zwei zusätzliche weiße Rundumlichter an oder nahe den Außenseiten;
   (iii) bei einer Länge von mehr als 100 Meter zusätzliche weiße Rundumlichter zwischen den unter den Ziffern i und ii vorgeschriebenen Lichtern, so daß der Abstand zwischen den Lichtern nicht mehr als 100 Meter beträgt;
   (iv) einen rhombusförmigen Signalkörper an oder nahe dem äußersten Ende des letzten geschleppten Fahrzeugs oder Gegenstands und, wenn der Schleppzug länger als 200 Meter ist, zusätzlich einen rhombusförmigen Signalkörper dort, wo er am besten gesehen werden kann, und so weit vorn wie möglich.

h) Kann ein geschlepptes Fahrzeug oder ein geschleppter Gegenstand die unter Buchstabe e oder g vorgeschriebenen Lichter oder Signalkörper aus einem vertretbaren Grund nicht führen, so müssen alle möglichen Maßnahmen getroffen werden, um das geschleppte Fahrzeug oder den geschleppten Gegenstand zu beleuchten oder die Anwesenheit eines solchen Fahrzeugs oder Gegenstands zumindest erkennbar zu machen.

i) Kann **ein üblicherweise nicht bei Schleppvorgängen eingesetztes Fahrzeug** aus einem vertretbaren Grund die unter Buchstabe a oder c vorgeschriebenen Lichter nicht zeigen, so **braucht** es **diese Lichter nicht zu führen, wenn es ein anderes Fahrzeug schleppt, das sich in Not befindet oder aus anderen Gründen Hilfe benötigt.** Es müssen alle nach Regel 36 zulässigen möglichen Maßnahmen getroffen werden, um die Art der Verbindung zwischen dem schleppenden Fahrzeug und dem geschleppten Fahrzeug erkennbar zu machen, insbesondere durch Anleuchten der Schleppleine.

Regel 25 Segelfahrzeuge in Fahrt und Fahrzeuge unter Ruder

a) **Ein Segelfahrzeug[1] in Fahrt[2] muß führen**
  (i) **Seitenlichter[3];**
  (ii) **ein Hecklicht.**

b) **Auf einem Segelfahrzeug von weniger als 20 Meter Länge** dürfen die unter Buchstabe a vorgeschriebenen **Lichter in einer Dreifarbenlaterne** vereinigt werden, die **an oder nahe der Mastspitze** dort angebracht ist, wo sie am besten gesehen werden kann[4].

c) **Ein Segelfahrzeug in Fahrt darf zusätzlich** zu den unter Buchstabe a vorgeschriebenen Lichtern an oder nahe der Mastspitze **zwei Rundumlichter senkrecht übereinander** dort führen, wo sie am besten gesehen werden können, und zwar **das obere rot und das untere grün;** diese Lichter dürfen jedoch nicht zusammen mit der Dreifarbenlaterne nach Buchstabe b geführt werden.

---

[1] Vgl. Regel 3 c.

[2] Vgl. Regel 3 i mit Anmerkung 4.

[3] Auf Fahrzeugen von weniger als 20 m Länge auch als doppelfarbige Laterne möglich, vgl. Regel 21 b.

[4] Diese energiesparende Dreifarbenlaterne ist nur sinnvoll für Segelfahrzeuge ohne Hilfsmotor. Denn sobald man unter Motor läuft, ist ein Topplicht vorgeschrieben (Regel 23), das höher als die Seitenlichter angebracht sein muß (Anlage I, Ziff. 2 f).

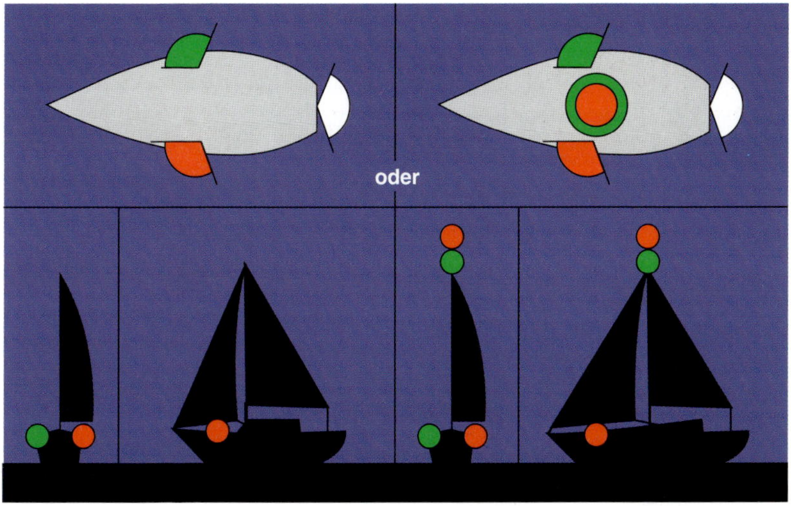

d) (i) **Ein Segelfahrzeug von weniger als 7 Meter Länge muß, wenn möglich, die unter Buchstabe a oder b vorgeschriebenen Lichter führen; andernfalls muß eine elektrische Lampe oder eine angezündete Laterne mit einem weißen Licht gebrauchsfertig zur Hand gehalten und rechtzeitig gezeigt werden, um einen Zusammenstoß zu verhüten**[5].

(ii) **Ein Fahrzeug unter Ruder** darf die in dieser Regel für Segelfahrzeuge vorgeschriebenen Lichter führen; andernfalls muß eine elektrische Lampe oder eine angezündete Laterne mit einem weißen Licht gebrauchsfertig zur Hand gehalten und rechtzeitig gezeigt werden, um einen Zusammenstoß zu verhüten.

e) **Ein Fahrzeug unter Segel, das gleichzeitig mit Maschinenkraft fährt, muß im Vorschiff einen Kegel – Spitze unten – dort führen, wo er am besten gesehen werden kann**[6].

---

[5] *Hier weicht die SeeSchStrO für Segelfahrzeuge von weniger als 12 m Länge folgendermaßen ab (vgl. Tabelle auf Seite 76/77):*
- *Für die Seitenlichter ist eine Mindesttragweite von 2 sm vorgeschrieben.*
- *Grundsätzlich sind die vorgeschriebenen Lichter fest angebracht zu führen.*
- *Erlaubt die Bauart des Fahrzeuges es nicht, die vorgeschriebenen Lichter fest angebracht zu führen, so ist ein weißes Rundumlicht (Mindesttragweite 2 sm) zu führen.*
- *Sollte auch dieses Licht auf Grund der Bauart nicht fest angebracht werden können, so darf das Fahrzeug nachts und bei verminderter Sicht nicht fahren. Doch muß dann für den Notstandsfall eine elektrische Leuchte oder Laterne mit weißem Licht an Bord sein.*

[6] *Es gilt dann als Maschinenfahrzeug und hat deshalb nachts Lichter gemäß Regel 23 zu führen, insbesondere das Topplicht. Außerdem hat es die Ausweichregeln für Maschinenfahrzeuge zu befolgen (Regeln 13 ff).*

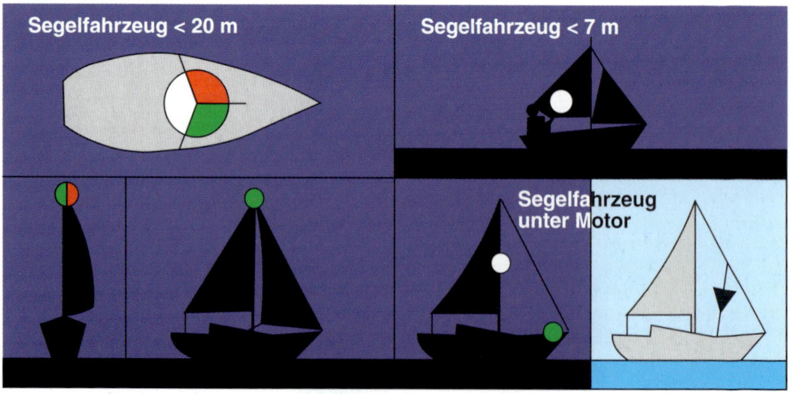

Regel 26 Fischereifahrzeuge

a) Ein fischendes Fahrzeug[1] in Fahrt oder vor Anker darf nur die in dieser Regel vorgeschriebenen Lichter und Signalkörper führen.

b) **Ein fischender Trawler,** das heißt ein Fahrzeug, das ein Schleppnetz oder ein anderes Fanggerät durchs Wasser schleppt[2], muß führen

   (i) zwei Rundumlichter senkrecht übereinander, das obere grün und das untere weiß, oder ein Stundenglas;

   (ii) ein Topplicht achterlicher und höher als das grüne Rundumlicht; ein Fahrzeug von weniger als 50 Meter Länge kann ein solches Licht führen, ist jedoch nicht dazu verpflichtet;

   (iii) **bei Fahrt durchs Wasser** zusätzlich zu den unter diesem Buchstaben vorgeschriebenen Lichtern Seitenlichter und ein Hecklicht.

---

[1] Vgl. Regel 3 d.

[2] Man unterscheidet Seitenfänger und die modernen Heckfänger. Der Trawler macht mit dem Fanggerät etwa 3 bis 4 kn Fahrt. Als ausweichpflichtiges Fahrzeug sollte man den Trawler in einem Abstand von mindestens 300 m passieren.

Man vermeide es, zwischen zwei Gespannfischern (= Tuckzeesenfischern) hindurchzulaufen. Diese laufen zu zweit parallel nebeneinander her und schleppen ein einzelnes Netz. Der Abstand zwischen beiden Fahrzeugen beträgt bis zu 200 m. Nachts führt – in Fahrtrichtung gesehen – das linke Fahrzeug auf dem Ruderhaus ein rotes Licht, das rechte ein grünes.

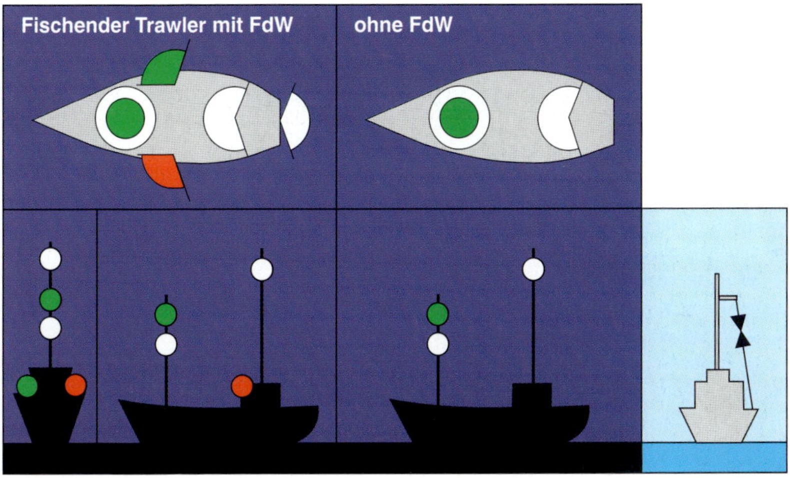

c) **Ein fischendes Fahrzeug, das nicht trawlt[1],** muß führen

(i) zwei Rundumlichter senkrecht übereinander, das obere rot und das untere weiß, oder ein Stundenglas;

(ii) **bei ausgebrachtem Fanggerät,** das waagerecht mehr als 150 Meter ins Wasser reicht, ein weißes Rundumlicht oder einen Kegel – Spitze oben – in Richtung des Fanggeräts;

(iii) **bei Fahrt durchs Wasser** zusätzlich zu den unter diesem Buchstaben vorgeschriebenen Lichtern Seitenlichter und ein Hecklicht.

d) Die zusätzlich zu diesen Regeln in Anlage II[2] beschriebenen Signale gelten für ein fischendes Fahrzeug, das sich in nächster Nähe anderer fischender Fahrzeuge befindet.

e) Ein nicht fischendes Fahrzeug darf die in dieser Regel vorgeschriebenen Lichter oder Signalkörper nicht führen, sondern nur die für ein Fahrzeug seiner Länge vorgeschriebenen.

---

[1] *Nichttrawler fischen mit Treibnetzen oder Ringwaden.*
Ein Treibnetz ist etwa 30 Meter lang; bis zu 150 derartiger Netze aneinandergereiht ergeben eine Fleet, vor der der Logger mit dem Steven in den Wind gedreht liegt.
Kleine Fahrzeuge können mit gestoppter Maschine zwischen den Bojen über die Fleet hinwegfahren – am besten in der Mitte zwischen zwei Bojen.

[2] *Vgl. S. 62.*

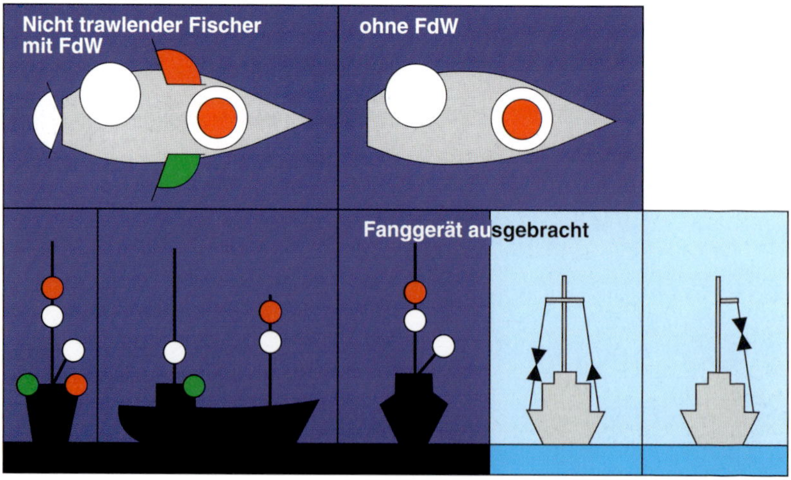

Regel 27 Manövrierunfähige oder manövrierbehinderte Fahrzeuge

a) **Ein manövrierunfähiges Fahrzeug**[1] muß führen
  (i) zwei rote Rundumlichter senkrecht übereinander dort, wo sie am besten gesehen werden können;
  (ii) zwei Bälle oder ähnliche Signalkörper senkrecht übereinander dort, wo sie am besten gesehen werden können;
  (iii) **bei Fahrt durchs Wasser**[2] **zusätzlich** zu den unter diesem Buchstaben vorgeschriebenen Lichtern Seitenlichter und ein Hecklicht.

b) **Ein manövrierbehindertes Fahrzeug**[3], ausgenommen ein Fahrzeug beim Minenräumen, muß führen
  (i) drei Rundumlichter senkrecht übereinander dort, wo sie am besten gesehen werden können. Das obere und das untere Licht müssen rot, das mittlere muß weiß sein;
  (ii) drei Signalkörper senkrecht übereinander dort, wo sie am besten gesehen werden können. Der obere und der untere Signalkörper müssen Bälle, der mittlere muß ein Rhombus sein;
  (iii) **bei Fahrt durchs Wasser**[2] **zusätzlich** zu den unter Ziffer i vorgeschriebenen Lichtern ein Topplicht oder mehrere Topplichter sowie Seitenlichter und ein Hecklicht;
  (iv) vor Anker zusätzlich zu den unter den Ziffern i und ii vorgeschriebenen Lichtern oder Signalkörpern das Licht, die Lichter oder den Signalkörper nach Regel 30.

---

[1] *Vgl. Regel 3 f und die Ausweichvorschriften in Regel 18.*
[2] *Verwechsle „Fahrt durchs Wasser" nicht mit „in Fahrt", vgl. Anmerkung 4 zu Regel 3.*
[3] *Vgl. Regel 3 g und die Ausweichvorschriften in Regel 18.*

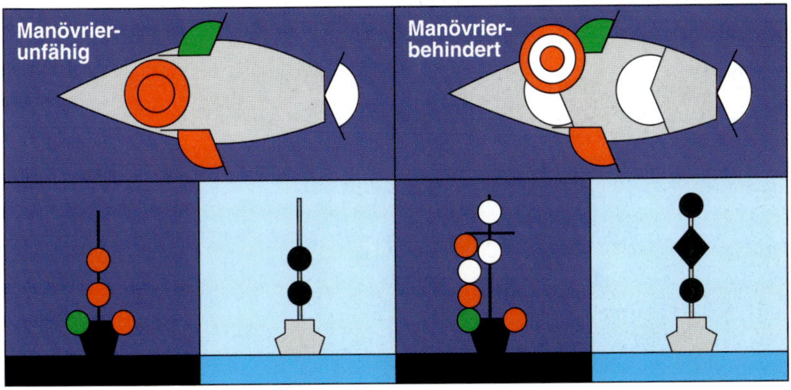

c) **Ein schleppendes Maschinenfahrzeug** muß während eines Schleppvorgangs, bei dem das schleppende Fahrzeug und sein Anhang **erheblich behindert** sind, vom Kurs abzuweichen, zusätzlich zu den in Regel 24 Buchstabe a vorgeschriebenen Lichtern oder Signalkörpern die unter Buchstabe b Ziffern i und ii dieser Regel vorgeschriebenen Lichter oder Signalkörper führen.

d) **Ein manövrierbehindertes Fahrzeug, das baggert oder Unterwasserarbeiten ausführt,** muß die unter Buchstabe b Ziffern i, ii und iii vorgeschriebenen Lichter oder Signalkörper führen, **bei Behinderung außerdem**
   (i) zwei rote Rundumlichter oder zwei Bälle senkrecht übereinander, um die Seite anzuzeigen, an der die Behinderung besteht;
   (ii) zwei grüne Rundumlichter oder zwei Rhomben senkrecht übereinander, um die Passierseite für ein anderes Fahrzeug anzuzeigen;
   (iii) vor Anker an Stelle der Lichter oder des Signalkörpers nach Regel 30 die unter diesem Buchstaben vorgeschriebenen Lichter oder Signalkörper.

e) Macht die Größe eines **Fahrzeugs bei Taucherarbeiten** es unmöglich, alle unter Buchstabe d vorgeschriebenen Lichter und Signalkörper zu führen, so sind zu führen
   (i) drei Rundumlichter senkrecht übereinander dort, wo sie am besten gesehen werden können. Das obere und das untere Licht müssen rot, das mittlere muß weiß sein;
   (II) die Flagge „A“ des Internationalen Signalbuchs als Tafel von mindestens 1 Meter Höhe. Ihre Rundumsichtbarkeit muß sichergestellt sein.

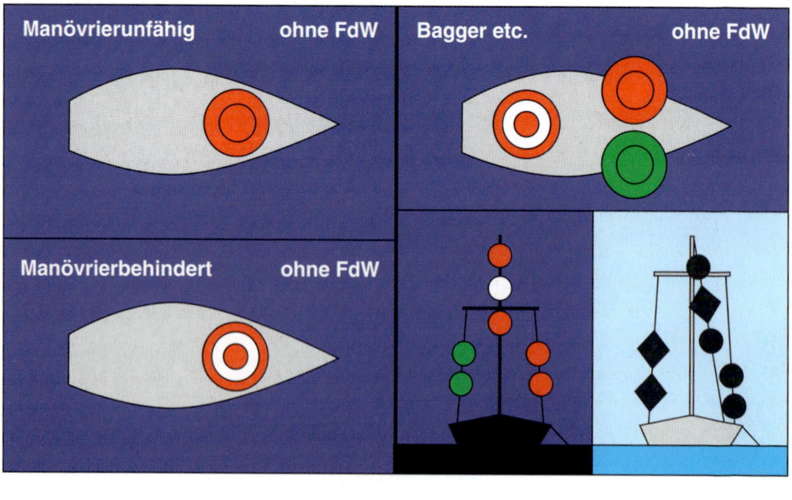

f) Ein **Fahrzeug beim Minenräumen** muß zusätzlich zu den in Regel 23 vorgeschriebenen Lichtern für Maschinenfahrzeuge oder zu den Lichtern oder dem Signalkörper nach Regel 30 für ein Fahrzeug vor Anker drei grüne Rundumlichter oder drei Bälle führen. Eines dieser Lichter oder einer dieser Signalkörper muß nahe dem Vormasttopp und eines oder einer an jedem Ende der vorderen Rah geführt werden. Diese Lichter oder Signalkörper zeigen an, daß es für andere Fahrzeuge gefährlich ist, sich dem Minenräumfahrzeug auf weniger als 1000 Meter zu nähern.

g) **Fahrzeuge von weniger als 12 Meter Länge, mit Ausnahme solcher Fahrzeuge, die Taucherarbeiten durchführen, brauchen die in dieser Regel vorgeschriebenen Lichter und Signalkörper nicht zu führen.**

h) **Die in dieser Regel vorgeschriebenen Signale sind keine Notsignale, durch die Hilfeleistung verlangt wird.** Solche Signale sind in Anlage IV[6] aufgeführt.

---

[5] *Die Flagge „A" des Internationalen Signalbuches bedeutet: „Ich habe Taucher unten; halten Sie bei langsamer Fahrt gut frei von mir!"*

[6] *Vgl. S. 66.*

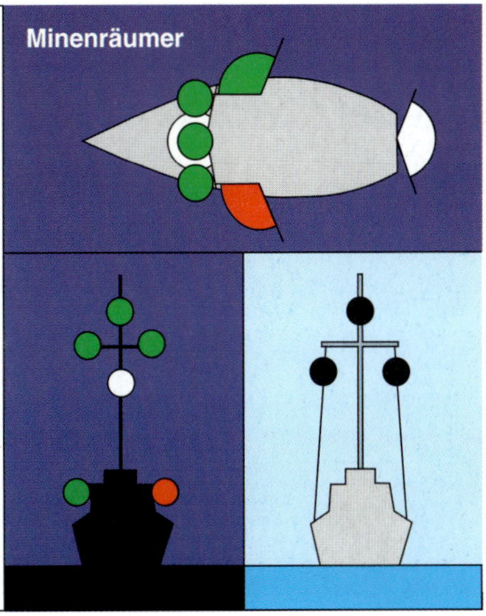

Regel 28 Tiefgangbehinderte Fahrzeuge

Ein tiefgangbehindertes Fahrzeug[1] darf **zusätzlich** zu den in Regel 23 für Maschinenfahrzeuge vorgeschriebenen Lichtern **drei rote Rundumlichter senkrecht übereinander oder einen Zylinder** dort führen, wo sie am besten gesehen werden können.

---

[1] *Vgl. Regel 3 h und die Ausweichvorschrift in Regel 18 d.*

Regel 29 Lotsenfahrzeuge

a) Ein Fahrzeug im Lotsdienst muß führen
   (i) an oder nahe dem Masttopp zwei Rundumlichter senkrecht übereinander, das obere weiß und das untere rot;
   (ii) in Fahrt zusätzlich Seitenlichter und ein Hecklicht;
   (iii) vor Anker zusätzlich zu den unter Ziffer i vorgeschriebenen Lichtern das Licht oder die Lichter oder den Signalkörper, die in Regel 30 für Fahrzeuge vor Anker vorgeschrieben sind.

b) Ein Lotsenfahrzeug, das nicht im Lotsdienst ist, muß die für ein Fahrzeug seiner Länge vorgeschriebenen Lichter oder Signalkörper führen.

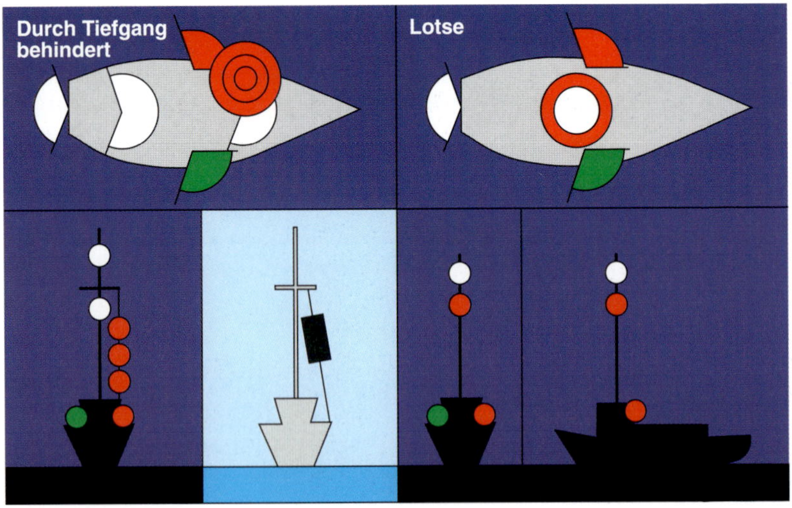

Regel 30 Fahrzeuge vor Anker und auf Grund

a) **Ein Fahrzeug vor Anker** muß dort, wo sie am besten gesehen werden können, führen
   (i) im vorderen Teil ein weißes Rundumlicht oder einen Ball;
   (ii) an oder nahe dem Heck ein weißes Rumdumlicht niedriger als das Licht nach Ziffer i.

b) Ein Fahrzeug vor Anker **von weniger als 50 Meter Länge** darf an Stelle der unter Buchstabe a vorgeschriebenen Lichter ein weißes Rundumlicht dort führen, wo es am besten gesehen werden kann.

c) Ein Fahrzeug vor Anker darf auch die vorhandenen Deckslichter oder gleichwertige Lichter zur Beleuchtung der Decks einschalten; ist das **Fahrzeug 100 und mehr Meter** lang, so ist es dazu verpflichtet.

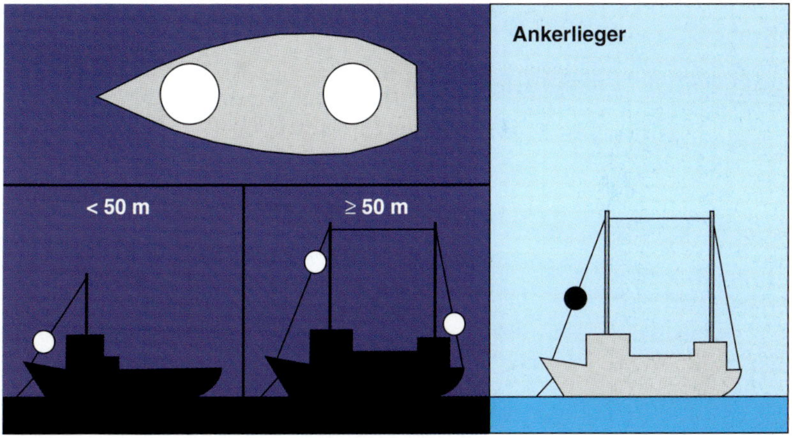

d) **Ein Fahrzeug auf Grund** muß die unter Buchstabe a oder b vorgeschriebenen Lichter führen und zusätzlich dort, wo sie am besten gesehen werden können,
   (i) zwei rote Rundumlichter senkrecht übereinander;
   (ii) drei Bälle senkrecht übereinander.

e) **Ein Fahrzeug von weniger als 7 Meter Länge vor Anker, das sich nicht in einem engen Fahrwasser, einer Fahrrinne oder auf einer Reede oder in der Nähe davon oder dort befindet, wo andere Fahrzeuge in der Regel fahren, braucht nicht die unter den Buchstaben a und b vorgeschriebenen Lichter oder den dort vorgeschriebenen Signalkörper zu führen.**

f) **Ein Fahrzeug von weniger als 12 Meter Länge auf Grund braucht nicht die unter Buchstabe d Ziffern i und ii vorgeschriebenen Lichter oder Signalkörper zu führen.**

Regel 31 Wasserflugzeuge

Kann ein Wasserflugzeug[1] keine Lichter und Signalkörper führen, deren Eigenschaften oder Anordnung den Regeln dieses Teiles entsprechen, so muß es Lichter und Signalkörper führen, deren Eigenschaften und Anordnung möglichst ähnlich sind.

[1] *Vgl. Regel 3 e.*

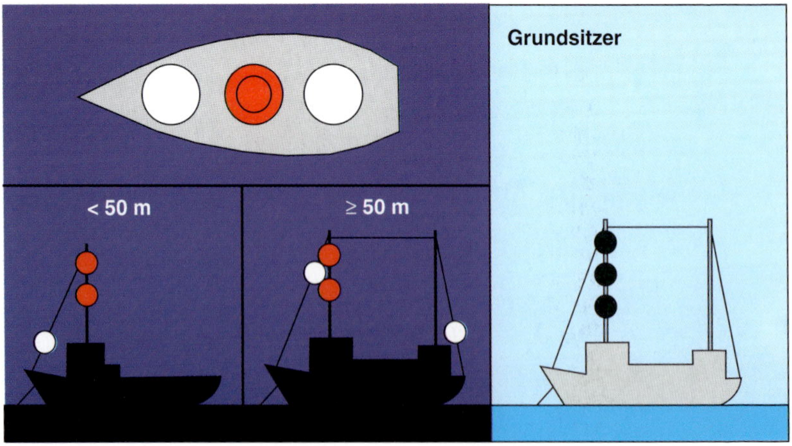

Zusammenfassung: Schallsignale

Die KVR unterscheiden zwischen Schallsignalen für Fahrzeuge in Sicht (Regel 34) und bei verminderter Sicht (Regel 35). Sie werden meist mit der Pfeife gegeben, nur Ankerlieger und Grundsitzer verwenden u. U. Glocken- und Gongsignale. Jedes Fahrzeug muß deshalb mit einer Pfeife und einer Glocke ausgerüstet sein (Regel 33 a); ein Fahrzeug von weniger als 12 m Länge darf jedoch ein anderes Instrument verwenden, das kräftige Schallsignale zu geben vermag (Regel 33 b).
Zur Verdeutlichung der Schallsignale werden im Text die folgenden Symbole verwendet:

Darstellung der Schallsignale

1 kurzer Ton	●	
1 langer Ton	▬	
Glockenschlag		
Rasches Läuten mit der Glocke		5s
Gongschlag		

Beachte:

1. **Ein kurzer Ton hat etwa 1 Sekunde Dauer, ein langer Ton 4 bis 6 Sekunden (Regeln 32 b und 32 c).**
2. **Eine Reihe von Schallsignalen können durch synchrone Lichtsignale ergänzt werden.**

Teil D: Schall- und Lichtsignale

Regel 32 Begriffsbestimmungen

a) Der Ausdruck **„Pfeife“** bezeichnet eine Schallsignalanlage, mit der die vorgeschriebenen Töne gegeben werden können und die den Anforderungen der Anlage III[1] entspricht.
b) Der Ausdruck **„kurzer Ton“** bezeichnet einen Ton von etwa einer Sekunde Dauer.
c) Der Ausdruck **„langer Ton“** bezeichnet einen Ton von vier bis sechs Sekunden Dauer.

Regel 33 Ausrüstung für Schallsignale

a) **Ein Fahrzeug von 12 und mehr Meter Länge muß mit einer Pfeife und einer Glocke** und ein Fahrzeug von 100 und mehr Meter Länge muß zusätzlich mit einem Gong **versehen sein,** der nach Ton und Klang nicht mit der Glocke verwechselt werden kann. Die Pfeife, die Glocke und der Gong müssen den Anforderungen der Anlage III[1] entsprechen. Die Glocke und/oder der Gong dürfen durch eine andere Einrichtung mit entsprechenden Schalleigenschaften ersetzt werden, sofern die Abgabe der vorgeschriebenen Signale auch von Hand jederzeit möglich ist.
b) **Ein Fahrzeug von weniger als 12 Meter Länge braucht keine Schallsignalanlagen nach Buchstabe a mitzuführen, muß dann aber mit einem anderen Gerät zur Abgabe eines kräftigen Schallsignals versehen sein.**

---

[1] *Vgl. S. 63.*

Regel 34 Manöver- und Warnsignale

a) Haben Fahrzeuge einander in Sicht[1], so muß ein **Maschinenfahrzeug in Fahrt** beim Manövrieren nach diesen Regeln[2] das Manöver durch folgende Pfeifensignale anzeigen:

- **ein kurzer Ton** mit der Bedeutung ●
  „Ich ändere meinen Kurs nach Steuerbord";
- **zwei kurze Töne** mit der Bedeutung ● ●
  „Ich ändere meinen Kurs nach Backbord";
- **drei kurze Töne** mit der Bedeutung ● ● ●
  „Ich arbeite rückwärts".

b) Ein Fahrzeug darf die unter Buchstabe a vorgeschriebenen Pfeifensignale **durch Lichtsignale ergänzen,** die während der Dauer des Manövers, soweit erforderlich, wiederholt werden.
   (i) Diese Lichtsignale haben folgende Bedeutung:
   - ein Blitz: „Ich ändere meinen Kurs nach Steuerbord";
   - zwei Blitze: „Ich ändere meinen Kurs nach Backbord";
   - drei Blitze: „Ich arbeite rückwärts";

   (ii) die Dauer eines Blitzes muß etwa eine Sekunde betragen, die Pause zwischen den Blitzen etwa eine Sekunde und die Pause zwischen aufeinanderfolgenden Signalen mindestens zehn Sekunden;
   (iii) das für dieses Signal verwendete Licht muß, wenn es geführt wird, ein weißes Rundumlicht sein, das mindestens 5 Seemeilen sichtbar ist und den Bestimmungen der Anlage I entspricht.

c) Haben **Fahrzeuge in einem engen Fahrwasser oder einer Fahrrinne** einander in Sicht, so gilt folgendes:
   (i) Ein überholendes Fahrzeug muß nach Regel 9 Buchstabe e Ziffer i seine Absicht durch folgende Pfeifensignale anzeigen:
   - **zwei lange Töne und ein kurzer Ton** mit der Bedeutung
     „Ich beabsichtige, Sie an Ihrer Steuerbordseite zu überholen";

     ▬ ▬ ●
   - **zwei lange und zwei kurze Töne** mit der Bedeutung
     „Ich beabsichtige, Sie an Ihrer Backbordseite zu überholen".

     ▬ ▬ ● ●

---

[1] *Vgl. Regel 3 k.*

[2] *Diese Signale sind also nur dann zu geben, wenn manövriert wird, um die Ausweichregeln zu befolgen, nicht aber, wenn ein Manöver aus navigatorischen Gründen eingeleitet wird.*

(ii) Das zu überholende Fahrzeug muß, wenn es nach Regel 9 Buchstabe e Ziffer i handelt, seine **Zustimmung** durch folgendes Pfeifensignal anzeigen:
– **ein langer, ein kurzer, ein langer, ein kurzer Ton.**

▬ ● ▬ ●

d) Wenn Fahrzeuge in Sicht sich einander nähern und eines aus irgendeinem Grund die Absicht oder die Maßnahmen des anderen **nicht versteht oder zweifelt,** ob das andere zur Vermeidung eines Zusammenstoßes ausreichend manövriert, muß es dies sofort durch **mindestens fünf kurze, rasch aufeinanderfolgende Pfeifentöne**[3] anzeigen. Dieses Signal darf durch ein Lichtsignal von mindestens fünf kurzen, rasch aufeinanderfolgenden Blitzen ergänzt werden.

● ● ● ● ●

e) Ein Fahrzeug, das sich einer **Krümmung** oder einem Abschnitt eines Fahrwassers oder einer Fahrrinne nähert, wo andere Fahrzeuge durch ein Sichthindernis verdeckt sein können, muß **einen langen Ton** geben. Jedes sich nähernde Fahrzeug, das dieses Signal jenseits der Krümmung oder des Sichthindernisses hört, muß es mit einem langen Ton beantworten.

▬

f) Sind auf einem Fahrzeug Pfeifen in einem Abstand von mehr als 100 Meter angebracht, so darf nur eine Pfeife zur Abgabe von Manöver- oder Warnsignalen verwendet werden.

---

[3] *Dieses Signal ist zeitlich zwischen die Situationen der Regel 17 a (i) und 17 a (ii) einzuordnen (vgl. S. 15).*
Die SeeSchStrO kennt außerdem das Achtungssignal, das Allgemeine Gefahr- und Warnsignal sowie das Bleib-weg-Signal.
Das Achtungssignal (–) ist zu geben, wenn die Verkehrslage es erfordert, insbesondere
– beim Einlaufen in andere Fahrwasser und Häfen,
– beim Auslaufen aus ihnen sowie aus Schleusen,
– beim Verlassen von Liege- und Ankerplätzen.
Das Allgemeine Gefahr- und Warnsignal (– · · · · – · · · ·) ist zu geben, wenn
– ein Fahrzeug ein anderes Fahrzeug gefährdet oder
– durch ein anderes selbst gefährdet wird.
Das Bleib-weg-Signal (· –) wird von Fahrzeugen gegeben, auf denen bestimmte gefährliche Güter oder radioaktive Stoffe im Sinn von § 2 Abs. 1 Nr. 16 SeeSchStrO frei werden, frei zu werden drohen oder Explosionsgefahr besteht.

Regel 35 Schallsignale bei verminderter Sicht[1]

Innerhalb oder in der Nähe eines Gebiets mit verminderter Sicht müssen am Tage oder bei Nacht folgende Signale gegeben werden[2]:

a) **Ein Maschinenfahrzeug, das Fahrt durchs Wasser macht,** muß mindestens alle 2 Minuten einen langen Ton geben. ▬

b) **Ein Maschinenfahrzeug in Fahrt, das seine Maschine gestoppt hat und keine Fahrt durchs Wasser macht,** muß mindestens alle 2 Minuten zwei aufeinanderfolgende lange Töne mit einem Zwischenraum von etwa 2 Sekunden geben. ▬ ▬

c) **Ein manövrierunfähiges Fahrzeug, ein manövrierbehindertes Fahrzeug, ein tiefgangbehindertes Fahrzeug, ein Segelfahrzeug, ein fischendes Fahrzeug und ein Fahrzeug, das ein anderes Fahrzeug schleppt oder schiebt,** muß an Stelle der unter Buchstabe a oder b vorgeschriebenen Signale mindestens alle 2 Minuten drei aufeinanderfolgende Töne – lang, kurz, kurz – geben. ▬ ● ●

d) **Ein fischendes Fahrzeug vor Anker und ein manövrierbehindertes Fahrzeug,** das bei der Ausführung seiner Arbeiten **vor Anker** liegt, müssen an Stelle der unter Buchstabe g vorgeschriebenen Signale das unter Buchstabe c vorgeschriebene Signal geben.

e) **Ein geschlepptes Fahrzeug** oder das letzte Fahrzeug eines Schleppzuges muß, wenn bemannt, mindestens alle 2 Minuten vier aufeinanderfolgende Töne – lang, kurz, kurz, kurz – geben. Dieses Signal muß möglichst unmittelbar nach dem Signal des schleppenden Fahrzeugs gegeben werden. ▬ ● ● ●

f) Sind ein schiebendes und ein geschobenes Fahrzeug miteinander zu einer zusammengesetzten Einheit starr verbunden, so gelten sie als ein Maschinenfahrzeug und müssen die unter Buchstabe a oder b vorgeschriebenen Signale geben.

g) **Ein Fahrzeug vor Anker** muß mindestens jede Minute etwa 5 Sekunden lang die Glocke rasch läuten. Ein Fahrzeug von 100 und mehr Meter Länge muß die Glocke auf dem Vorschiff läuten und unmittelbar danach auf dem Achterschiff etwa 5 Sekunden lang den Gong rasch schlagen. Ein Fahrzeug vor Anker darf außerdem drei aufeinanderfolgende Töne – kurz, lang, kurz – geben, um einem

---

[1] *Vgl. Regel 3 l. Zum Verhalten bei verminderter Sicht vgl. Regel 19.*

[2] *Aus der Richtung eines Nebelsignales kann keinesfalls sicher auf den Standort des anderen Fahrzeuges geschlossen werden. Die wahrgenommene Richtung des Signales kann beiderseits bis zu etwa 35° von der Richtung des dazugehörigen Schiffes abweichen, so daß sich ein Unsicherheitsbereich bis zu 70° ergeben kann.*

sich nähernden Fahrzeug seinen Standort anzuzeigen und es vor einem möglichen Zusammenstoß zu warnen.

● ▬ ●

unter 100 m Länge   über 100 m Länge

h) **Ein Fahrzeug auf Grund** muß das Glockensignal und, soweit vorgeschrieben, das Gongsignal nach Buchstabe g geben, sowie zusätzlich unmittelbar vor und nach dem raschen Glockenläuten drei scharf voneinander getrennte Glockenschläge. Ein Fahrzeug auf Grund darf zusätzlich ein geeignetes Pfeifensignal geben.

unter 100 m Länge:

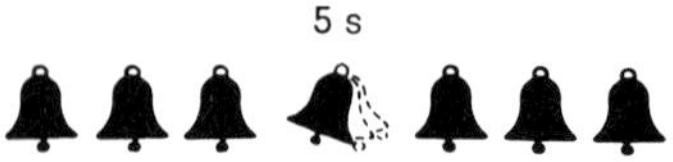

über 100 m Länge:

i) **Ein Fahrzeug von weniger als 12 Meter Länge braucht die obenerwähnten Signale nicht zu geben, muß dann aber mindestens alle 2 Minuten ein anderes kräftiges Schallsignal geben.**

j) **Ein Lotsenfahrzeug** im Lotsdienst darf zusätzlich zu den unter Buchstabe a, b oder g vorgeschriebenen Signalen ein Erkennungssignal von vier kurzen Tönen geben. ● ● ● ●

Regel 36 Aufmerksamkeitssignale

Ist es erforderlich, die Aufmerksamkeit eines anderen Fahrzeugs zu erregen, so darf ein Fahrzeug Licht- oder Schallsignale geben, die nicht mit anderen Signalen nach diesen Regeln verwechselt werden können; es darf auch seinen Scheinwerfer auf die Gefahr richten, wenn es dadurch andere Fahrzeuge nicht verwirrt. Jedes Licht, das die Aufmerksamkeit eines anderen Fahrzeugs erregen soll, muß so beschaffen sein, daß es nicht mit einem Schiffahrtszeichen verwechselt werden kann. Für die Zwecke dieser Regel ist die Verwendung von hoher Lichtstärke bei unterbrochenen Lichtern oder Drehlichtern, zum Beispiel Lichter mit umlaufender Blendscharte, zu vermeiden.

[1] *Vgl. Anmerkung 1 zu Regel 2.*

Regel 37 Notsignale

Ist ein Fahrzeug in Not und fordert es Hilfe an, so muß es die in Anlage IV[1] beschriebenen Signale benutzen oder zeigen.

[1] *Vgl. S. 67.*

Teil E: Befreiungen

Regel 38 Befreiungen

Ein Fahrzeug (oder eine Fahrzeugklasse), das (die) vor dem Inkrafttreten dieser Regeln auf Kiel gelegt wurde oder sich in einem entsprechenden Bauzustand befand, kann, wenn es (sie) den Vorschriften der Internationalen Regeln von 1960 zur Verhütung von Zusammenstößen auf See entspricht, von der Befolgung der vorliegenden Regeln wie folgt befreit werden:

a) Einbau der Lichter mit den in Regel 22 vorgeschriebenen Tragweiten innerhalb von vier Jahren nach dem Tag des Inkrafttretens dieser Regeln.
b) Einbau der Lichter mit den Farben nach Abschnitt 7 der Anlage I innerhalb von vier Jahren nach dem Tag des Inkrafttretens dieser Regeln.
c) Dauernde Befreiung von der Versetzung der Lichter als Folge des Übergangs von britischen in metrische Maße und deren Abrundung.
d) (i) Dauernde Befreiung von der Versetzung der Topplichter auf Fahrzeugen von weniger als 150 Meter Länge nach den Vorschriften des Abschnitts 3 Buchstabe a der Anlage I.
   (ii) Versetzung der Topplichter auf Fahrzeugen von 150 und mehr Meter Länge nach den Vorschriften des Abschnitts 3 Buchstabe a der Anlage I innerhalb von neun Jahren nach dem Tag des Inkrafttretens dieser Regeln.
e) Versetzung der Topplichter nach den Vorschriften des Abschnitts 2 Buchstabe b der Anlage I innerhalb von neun Jahren nach dem Tag des Inkrafttretens dieser Regeln.
f) Versetzung der Seitenlichter nach den Vorschriften des Abschnitts 2 Buchstabe g und des Abschnitts 3 Buchstabe b der Anlage I innerhalb von neun Jahren nach dem Tag des Inkrafttretens dieser Regeln.
g) Vorschriften über Schallsignalanlagen nach Anlage III innerhalb von neun Jahren nach dem Tag des Inkrafttretens dieser Regeln.
h) Dauernde Befreiung von der Versetzung der Rundumlichter nach den Vorschriften des Abschnitts 9 Buchstabe b der Anlage I.

Anlage I: Anordnung und technische Einzelheiten der Lichter und Signalkörper

1. Begriffsbestimmung

Der Ausdruck „Höhe über dem Schiffskörper" bezeichnet die Höhe über dem obersten durchlaufenden Deck. Diese Höhe ist von einem Punkt aus zu messen, der senkrecht unter dem Anbringungsort des Lichtes liegt.

2. Senkrechte Anordnung und senkrechter Abstand der Lichter.

a) Auf einem Maschinenfahrzeug von 20 und mehr Meter Länge müssen die Topplichter wie folgt angebracht sein:
   (i) das vordere oder gegebenenfalls das einzige Topplicht in einer Höhe von mindestens 6 Meter über dem Schiffskörper; ist das Fahrzeug breiter als 6 Meter, in einer der Breite des Fahrzeugs mindestens gleichkommenden Höhe; es braucht jedoch nicht höher als 12 Meter über dem Schiffskörper angebracht zu sein;
   (ii) wenn zwei Topplichter geführt werden, muß das hintere mindestens 4,5 Meter höher als das vordere sein.

b) Der senkrechte Abstand der Topplichter eines Maschinenfahrzeugs muß so groß sein, daß das hintere Topplicht in allen normalen Trimmlagen in 1000 Meter Abstand vom Vorsteven und von der Wasseroberfläche aus über dem vorderen Topplicht und getrennt von ihm gesehen wird.

c) **Das Topplicht eines Maschinenfahrzeugs von mindestens 12 Meter, jedoch weniger als 20 Meter Länge muß in einer Höhe von mindestens 2,5 Meter über dem Schandeckel angebracht sein.**

d) **Ein Maschinenfahrzeug von weniger als 12 Meter Länge darf das oberste Licht in einer Höhe von weniger als 2,5 Meter über dem Schandeckel führen. Werden jedoch ein Topplicht zusätzlich zu den Seitenlichtern und dem Hecklicht oder das Rundumlicht nach Regel 23 Buchstabe c Ziffer i zusätzlich zu den Seitenlichtern geführt, so müssen das Topplicht oder das Rundumlicht mindestens 1 Meter höher als die Seitenlichter geführt werden.**

e) Eines der zwei oder drei für ein Maschinenfahrzeug beim Schleppen oder Schieben eines anderen Fahrzeugs vorgeschriebenen Topplichter muß an derselben Stelle wie das vordere oder das hintere Topplicht angebracht sein; jedoch muß, wenn sie am hinteren Mast geführt werden, das niedrigste hintere Topplicht mindestens 4,5 Meter höher als das vordere Topplicht angebracht sein.

f) (i) **Das Topplicht oder die Topplichter nach Regel 23 Buchstabe a müssen höher angebracht sein als alle anderen Lichter und Sichthindernisse und klar von ihnen sein, sofern nicht unter Ziffer ii etwas anderes bestimmt ist.**
   (ii) Wenn es undurchführbar ist, die in Regel 27 Buchstabe b Ziffer i oder Regel 28 vorgeschriebenen Rundumlichter niedriger als die Topplichter anzubringen, dürfen sie höher als das hintere Topplicht oder die hinteren Topplichter oder senkrecht zwischen dem vorderen Topplicht oder den vor-

deren Topplichtern und dem hinteren Topplicht oder den hinteren Topplichtern angebracht werden; jedoch muß in letzterem Fall die Vorschrift des Abschnitts 3 Buchstabe c befolgt werden.

g) Die Seitenlichter eines Maschinenfahrzeugs müssen in einer Höhe über dem Schiffskörper angebracht sein, die drei Viertel der Höhe des vorderen Topplichts nicht überschreitet. Sie dürfen nicht so niedrig angebracht sein, daß sie durch Deckslichter beeinträchtigt werden.

h) **Werden auf einem Maschinenfahrzeug von weniger als 20 Meter Länge die Seitenlichter in einer Zweifarbenlaterne geführt, so muß diese mindestens 1 Meter unter dem Topplicht angebracht sein.**

i) Schreiben die Regeln zwei oder drei Lichter senkrecht übereinander vor, so sind folgende Abstände einzuhalten:
   (i) Auf einem Fahrzeug von 20 und mehr Meter Länge muß der Abstand zwischen diesen Lichtern mindestens 2 Meter betragen, der Abstand des untersten, mit Ausnahme eines vorgeschriebenen Schlepplichts, mindestens 4 Meter vom Schiffskörper;
   (ii) **auf einem Fahrzeug von weniger als 20 Meter Länge muß der Abstand zwischen diesen Lichtern mindestens 1 Meter betragen, der Abstand des untersten, mit Ausnahme eines vorgeschriebenen Schlepplichts, mindestens 2 Meter vom Schandeckel;**
   (iii) werden drei Lichter geführt, so müssen die Abstände gleich sein.

j) Das untere der beiden Rundumlichter, die für ein fischendes Fahrzeug vorgeschrieben sind, muß in einem Abstand über den Seitenlichtern angebracht sein, der mindestens doppelt so groß ist wie sein Abstand vom oberen Licht.

k) Werden zwei Ankerlichter geführt, so muß das in Regel 30 Buchstabe a Ziffer i vorgeschriebene vordere mindestens 4,5 Meter höher als das hintere angebracht sein. Auf einem Fahrzeug von 50 und mehr Meter Länge muß das vordere Ankerlicht mindestens 6 Meter über dem Schiffskörper angebracht sein.

3. Waagerechte Anordnung und waagerechter Abstand der Lichter

a) Sind für ein Maschinenfahrzeug zwei Topplichter vorgeschrieben, so muß ihr waagerechter Abstand mindestens der halben Fahrzeuglänge entsprechen; er braucht jedoch nicht mehr als 100 Meter zu betragen. Das vordere Topplicht darf nicht mehr als ein Viertel der Fahrzeuglänge vom Vorsteven entfernt sein.

b) Auf einem Maschinenfahrzeug von 20 und mehr Meter Länge dürfen die Seitenlichter nicht vor den vorderen Topplichtern angebracht sein. Sie müssen sich an oder nahe der Außenseite des Fahrzeugs befinden.

c) Wenn die in Regel 27 Buchstabe b Ziffer i oder Regel 28 vorgeschriebenen Lichter senkrecht zwischen dem vorderen Topplicht oder den vorderen Topplichtern und dem hinteren Topplicht oder den hinteren Topplichtern angebracht werden, müssen diese Rundumlichter einen waagerechten Abstand von mindestens 2 Meter quer zur Längsachse des Fahrzeugs haben.

d) Ist für ein Maschinenfahrzeug nur ein Topplicht vorgeschrieben, so ist dieses Licht vorlicher als mittschiffs anzubringen; ein Fahrzeug von weniger als 20 Meter Länge braucht dieses Licht jedoch nicht vorlicher als mittschiffs anzubringen, muß es aber möglichst weit vorn führen.

4. Einzelheiten der Anordnung richtungweisender Lichter auf Fischereifahrzeugen und Fahrzeugen, die Bagger- und Unterwasserarbeiten ausführen.

a) Das Licht, das auf einem fischenden Fahrzeug nach Regel 26 Buchstabe c Ziffer ii die Richtung des ausgelegten Fanggeräts anzeigt, muß in einem waagerechten Abstand von mindestens 2 Meter und höchstens 6 Meter von dem roten und weißen Rundumlicht angebracht sein. Dieses Licht darf nicht höher als das in Regel 26 Buchstabe c Ziffer i vorgeschriebene weiße Rundumlicht und nicht niedriger als die Seitenlichter angebracht sein.

b) Auf einem Fahrzeug, das baggert oder Unterwasserarbeiten ausführt, müssen die Lichter und Signalkörper, die nach Regel 27 Buchstabe d Ziffern i und ii die behinderte Seite und/oder die Passierseite anzeigen, im größtmöglichen waagerechten Abstand von den Lichtern oder Signalkörpern nach Regel 27 Buchstabe b Ziffern i und ii angebracht sein, jedoch keinesfalls in einem Abstand von weniger als 2 Meter. In keinem Fall darf das obere dieser Lichter oder Signalkörper höher angebracht sein als das untere der drei Lichter oder Signalkörper nach Regel 27 Buchstabe b Ziffern i und ii.

5. Abschirmungen für Seitenlichter

Die Seitenlichter von Schiffen von 20 und mehr Meter Länge müssen an der Binnenbordseite mit mattschwarz gestrichenen Abschirmungen versehen sein und den Vorschriften des Abschnitts 9 entsprechen. **Auf Schiffen von weniger als 20 Meter Länge müssen die Seitenlichter an der Binnenbordseite mit mattschwarz gestrichenen Abschirmungen versehen sein, wenn dies zur Erfüllung der Vorschriften des Abschnitts 9 erforderlich ist.** Eine Zweifarbenlaterne mit vertikaler Glühlampenwendel und sehr schmaler Trennung des grünen und des roten Ausstrahlungsbereichs braucht keine Abschirmungen zu haben.

6. Signalkörper

a) Signalkörper müssen schwarz sein und folgende Abmessungen haben:
   (i) Ein **Ball** muß einen Durchmesser von mindestens 0,6 Meter haben;
   (ii) ein **Kegel** muß eine Grundfläche mit einem Durchmesser von mindestens 0,6 Meter und eine Höhe wie sein Durchmesser haben;
   (iii) ein **Zylinder** muß einen Durchmesser von mindestens 0,6 Meter und eine doppelt so große Höhe wie sein Durchmesser haben;
   (iv) ein **Rhombus** muß aus zwei Kegeln nach Ziffer ii mit einer gemeinsamen Grundfläche bestehen.

b) Der senkrechte Abstand zwischen Signalkörpern muß mindestens 1,5 Meter betragen.

c) **Auf einem Fahrzeug von weniger als 20 Meter Länge dürfen Signalkörper geringerer Abmessungen verwendet werden, die dem Größenverhältnis des Fahrzeugs angemessen sind; die Abstände zwischen ihnen dürfen entsprechend verringert werden.**

7. Bestimmung der Lichtfarben

Die Farbart aller Navigationslichter muß den nachfolgenden Normwerten entsprechen, die innerhalb der Grenzen der Bereiche liegen, die für jede Farbe von der Internationalen Beleuchtungskommission (CIE) in der Farbtafel festgelegt worden sind.
Die Grenzen der einzelnen Farbbereiche werden durch die nachstehend aufgeführten Koordinaten der Eckpunkte bestimmt:

(i) *Weiß*						
x	0.525	0.525	0.452	0.310	0.310	0.443
y	0.382	0.440	0.440	0.348	0.283	0.382
(ii) *Grün*						
x	0.028	0.009	0.300	0.203		
y	0.385	0.723	0.511	0.356		
(iii) *Rot*						
x	0.680	0.660	0.735	0.721		
y	0.320	0.320	0.265	0.259		
(iv) *Gelb*						
x	0.612	0.618	0.575	0.575		
y	0.382	0.382	0.425	0.406		

8. Lichtstärke

a) Die Mindestlichtstärke wird durch folgende Gleichung bestimmt:

$$I = 3.43 \times 10^6 \times T \times D^2 \times K^{-D}.$$

Darin bezeichnet
I – die Lichtstärke in Candela unter Betriebsbedingungen,
T – den Schwellenwert der Beleuchtungsstärke mit 2×10^{-7} lx,
D – die Tragweite in Seemeilen,
K – den Sichtwert.
K ist für die vorgeschriebenen Lichter 0,8, entsprechend einer meteorologischen Sichtweite von ungefähr 13 Seemeilen.

b) Eine Auswahl von Werten, die nach dieser Gleichung berechnet sind, ist in der folgenden Tabelle wiedergegeben:

Tragweite in Seemeilen D	Lichtstärke in Candela K = 0,8 I
1	0,9
2	4,3
3	12
4	27
5	52
6	94

Anmerkung: Die Höchstlichtstärke der Navigationslichter soll begrenzt sein, um unerwünschte Blendungen zu vermeiden. Dies darf nicht durch eine variable Steuerung der Lichtstärke bewirkt werden.

9. Waagerechte Lichtverteilung

a) (i) Nach recht voraus müssen die auf dem Fahrzeug angebrachten Seitenlichter die vorgeschriebenen Mindestlichtstärken haben. Hier müssen die Lichtstärken in einem Bereich zwischen 1 Grad und 3 Grad außerhalb des vorgeschriebenen Ausstrahlungswinkels auf nahezu Null abfallen.

(ii) Für Heck- und Topplichter und für Seitenlichter 22,5 Grad achterlicher als querab müssen die vorgeschriebenen Mindestlichtstärken über einen Horizontbogen bis zu 5 Grad innerhalb des in Regel 21 vorgeschriebenen Ausstrahlungswinkels erhalten bleiben. Ab 5 Grad innerhalb des vorgeschriebenen Ausstrahlungswinkels darf die Lichtstärke um 50 v. H. bis zu den vorgeschriebenen Grenzen abnehmen; sie muß stetig abnehmen und bei höchstens 5 Grad außerhalb des vorgeschriebenen Ausstrahlungswinkels praktisch Null erreichen.

b) (i) Rundumlichter müssen so angebracht sein, daß sie nicht durch Masten, Stengen oder Bauteile innerhalb eines Ausstrahlungswinkels von mehr als 6 Grad verdeckt werden, ausgenommen Ankerlichter nach Regel 30, deren Anbringung in entsprechender Höhe über dem Schiffskörper unmöglich ist.

(ii) Ist die Einhaltung der Ziffer i durch Führen nur eines Rundumlichtes nicht möglich, so sind zwei in geeigneter Weise angebrachte oder abgeschirmte Rundumlichter zu verwenden, so daß sie aus einer Entfernung von einer Seemeile möglichst als ein Licht erscheinen.

10. Senkrechte Lichtverteilung

a) Für die senkrechten Ausstrahlungswinkel angebrachter elektrisch betriebener Lichter muß, ausgenommen bei den Lichtern von Segelfahrzeugen in Fahrt, sichergestellt sein, daß

(i) die vorgeschriebene Mindestlichtstärke mindestens im Bereich von 5 Grad über bis 5 Grad unter der Horizontalebene erhalten bleibt;
(ii) mindestens 60 v. H. der vorgeschriebenen Mindestlichtstärke im Bereich von 7,5 Grad über bis 7,5 Grad unter der Horizontalebene erhalten bleiben.

b) **Auf Segelfahrzeugen in Fahrt muß für die senkrechten Ausstrahlungswinkel angebrachter elektrisch betriebener Lichter sichergestellt sein, daß**
(i) **die vorgeschriebene Mindestlichtstärke mindestens im Bereich von 5 Grad über bis 5 Grad unter der Horizontalebene erhalten bleibt;**
(ii) **mindestens 50 v. H. der vorgeschriebenen Mindestlichtstärke im Bereich von 25 Grad über bis 25 Grad unter der Horizontalebene erhalten bleiben.**

c) Für nicht elektrisch betriebene Lichter müssen diese Anforderungen soweit wie möglich erfüllt werden.

11. Lichtstärke nicht elektrisch betriebener Lichter
Nicht elektrisch betriebene Lichter müssen soweit wie möglich die Mindestlichtstärken erreichen, die in der Tabelle in Abschnitt 8 angegeben sind.

12. Manöverlichter
Ungeachtet der Bestimmungen des Abschnitts 2 Buchstabe f muß das in Regel 34 Buchstabe b beschriebene Manöverlicht über derselben Längsachse wie das Topplicht oder die Topplichter angebracht sein, und zwar, wenn möglich, mindestens 2 Meter senkrecht über dem vorderen Topplicht, jedoch mindestens 2 Meter höher oder niedriger als das hintere Topplicht. Auf einem Fahrzeug mit nur einem Topplicht muß das Manöverlicht, falls vorhanden, dort angebracht sein, wo es am besten gesehen werden kann, jedoch mindestens 2 Meter höher oder niedriger als das Topplicht.

13. Hochgeschwindigkeitsfahrzeuge
Das Topplicht eines Hochgeschwindigkeitsfahrzeugs mit einem Verhältnis von Länge zu Breite von weniger als 3 : 1 kann in niedrigerer Höhe im Verhältnis zur Breite des Fahrzeugs angebracht werden als unter Abschnitt 2 Buchstabe a Ziffer i vorgeschrieben; allerdings darf der Basiswinkel des gleichschenkligen Dreiecks, das durch die Seitenlichter und das Topplicht gebildet wird, in Vorderansicht nicht weniger als 27 Grad betragen.

14. Genehmigung
Die Konstruktion der Laternen und Signalkörper sowie die Anbringung der Lichter an Bord müssen den Anforderungen der zuständigen Behörde[1] des Staates entsprechen, dessen Flagge das Fahrzeug zu führen berechtigt ist[2].

---

[1] *In der Bundesrepublik Deutschland das Bundesamt für Seeschiffahrt und Hydrographie (BSH) in Hamburg.*
[2] *vgl. Anm. 1 zu § 2 VO zu den Internationalen Regeln von 1972 auf S. 70.*

Anlage II: Zusatzsignale für nahe beieinander fischende Fahrzeuge

1. Allgemeines

Die hier aufgeführten Lichter müssen, wenn sie in Übereinstimmung mit Regel 26 Buchstabe d gezeigt werden, dort angebracht sein, wo sie am besten gesehen werden können. Sie müssen mindestens 0,9 Meter voneinander entfernt sein, jedoch niedriger als die Lichter nach Regel 26 Buchstabe b Ziffer i und Buchstabe c Ziffer i. Die Lichter müssen über den ganzen Horizont in einer Entfernung von mindestens 1 Seemeile sichtbar sein, jedoch in einer geringeren Entfernung als die in diesen Regeln für fischende Fahrzeuge vorgeschriebenen Lichter.

2. Signale für Trawler

a) Fahrzeuge von 20 oder mehr Meter Länge zeigen beim Trawlen, gleichviel ob mit pelagischen Netzen oder mit Grundschleppnetzen,
   - (i) beim Ausbringen der Netze:
     zwei weiße Lichter senkrecht übereinander;
   - (ii) beim Einholen der Netze:
     ein weißes Licht senkrecht über einem roten Licht;
   - (iii) wenn das Netz an einem Hindernis hakt:
     zwei rote Lichter senkrecht übereinander.

b) Jedes Fahrzeug von 20 oder mehr Meter Länge, das **im Gespann** trawlt, zeigt
   - (i) bei Nacht ein Scheinwerferlicht, das voraus und zum anderen Fahrzeug des Gespanns gerichtet wird;
   - (ii) beim Ausbringen oder Einholen ihrer Netze oder wenn ihre Netze an einem Hindernis haken, die unter Nummer 2 Buchstabe a vorgeschriebenen Lichter.

c) Ein Fahrzeug von weniger als 20 Meter Länge darf beim Trawlen, gleichviel ob es ein pelagisches Netz oder ein Grundschleppnetz verwendet oder im Gespann trawlt, die nach den Buchstaben a oder b vorgeschriebenen Lichter führen.

3. Signale für die Fischerei mit Ringwaden

Fahrzeuge, die mit Ringwaden fischen, dürfen **zwei gelbe Lichter** senkrecht übereinander zeigen. Diese Lichter müssen abwechselnd jede Sekunde derart blinken, daß das obere an ist, wenn das untere aus ist und umgekehrt. Diese Lichter dürfen nur gezeigt werden, solange das Fahrzeug durch sein Fanggerät behindert ist.

Anlage III: Technische Einzelheiten der Schallsignalanlagen

1. Pfeifen

a) *Frequenzen und Reichweite*
Die Grundfrequenz des Signals muß im Bereich von 70–700 Hz liegen. Die Reichweite eines Pfeifensignals muß aus denjenigen Frequenzen bestimmt werden, welche die Grundfrequenz und/oder eine oder mehrere höhere Frequenzen einschließen können, die im Bereich von 180–700 Hz (± 1 v. H.) liegen und die unter Buchstabe c angegebenen Schalldruckpegel erreichen.

b) *Grenzen der Grundfrequenzen*
Um eine große Mannigfaltigkeit von Pfeifenmerkmalen sicherzustellen, muß die Grundfrequenz einer Pfeife zwischen folgenden Grenzen liegen:
(i) 70–200 Hz für ein Schiff von 200 und mehr Meter Länge;
(ii) 130–350 Hz für ein Schiff von mindestens 75, aber weniger als 200 Meter Länge;
(iii) 250–700 Hz für ein Schiff von weniger als 75 Meter Länge.

c) *Intensität und Reichweite des Schallsignals*
Eine Pfeife auf einem Schiff muß in Richtung der maximalen Intensität und in 1 Meter Abstand von der Pfeife in mindestens einem Terzband des Frequenzbereichs von 180–700 Hz (± 1 v. H.) mindestens einen Schalldruckpegel von dem zugehörigen Zahlenwert der folgenden Tabelle erreichen.

Schiffslänge in Meter	Terzbandpegel in 1 Meter Abstand in dB, bezogen auf 2×10^{-5} N/m^2	Reichweite in Seemeilen
200 und mehr	143	2
mindestens 75, aber weniger als 200	138	1,5
mindestens 20, aber weniger als 75	130	1
weniger als 20	120	0,5

Die Reichweite in der Tabelle auf Seite 63 dient zur Information und ist annähernd der Bereich, in dem eine Pfeife in ihrer Vorausrichtung mit 90 v. H. Wahrscheinlichkeit bei ruhigem Wetter an Bord eines Schiffes gehört werden kann, auf dem ein mittlerer Störpegel an den Beobachtungsstellen herrscht (als mittlerer Störpegel werden 68 dB in dem Oktavband mit 250 Hz als Mittelfrequenz und 63 dB in dem Oktavband mit 500 Hz als Mittelfrequenz angenommen).
In der Praxis ist der Bereich, in dem eine Pfeife gehört werden kann, außerordentlich veränderlich und hängt entscheidend von den Witterungsbedingungen ab; die angegebenen Werte können als typisch angesehen werden, doch kann der Bereich durch starken Wind oder einen hohen Störpegel an der Beobachtungsstelle erheblich vermindert werden.

d) *Richteigenschaften*
Der Schalldruckpegel einer gerichtet aussendenden Pfeife darf in jeder Richtung der Horizontalebene innerhalb von ± 45 Grad zur Achse nicht mehr als 4 dB unter dem vorgeschriebenen Schalldruckpegel in Achsrichtung liegen. Der Schalldruckpegel in jeder anderen Richtung der Horizontalebene darf nicht mehr als 10 dB unter dem vorgeschriebenen Schalldruckpegel in Achsrichtung liegen, so daß die Reichweite in jeder Richtung mindestens gleich der halben Reichweite in Achsrichtung ist. Der Schalldruckpegel muß in demjenigen Terzband gemessen werden, das die Reichweite bestimmt.

e) *Anordnung der Pfeifen*
Wenn eine gerichtet aussendende Pfeife als einzige Pfeife auf einem Schiff verwendet wird, muß sie so angebracht werden, daß ihre höchste Intensität voraus gerichtet ist.
Eine Pfeife muß so hoch wie möglich auf dem Schiff angebracht werden, um die Beeinträchtigung des ausgesandten Schalls durch Hindernisse zu verhindern und die Gefahr von Hörschäden für das Personal auf ein Mindestmaß zu beschränken. Der Schalldruckpegel des eigenen Signals des Schiffes darf an den Beobachtungsstellen 110 dB (A) nicht überschreiten und soll nach Möglichkeit 100 dB (A) nicht überschreiten.

f) *Ausrüstung mit mehr als einer Pfeife*
Sind auf einem Schiff Pfeifen in einem Abstand von mehr als 100 Meter angebracht, so ist sicherzustellen, daß sie nicht gleichzeitig tönen können.

g) *Kombinierte Pfeifensysteme*
Wenn infolge von Hindernissen das Schallfeld einer einzigen Pfeife oder einer der unter Buchstabe f erwähnten Pfeifen wahrscheinlich eine Zone stark verminderten Signalpegels aufweist, wird ein kombiniertes Pfeifensystem empfohlen, um dieser Verminderung zu begegnen. Im Sinne der Regeln ist ein kombiniertes Pfeifensystem als eine einzige Pfeife anzusehen. Die Pfeifen eines kombinierten Systems sind in einem Abstand von höchstens 100 Meter anzubringen und müssen gleichzeitig zum Tönen gebracht werden können. Die Frequenz jeder einzelnen Pfeife muß sich von den anderen um mindestens 10 Hz unterscheiden.

2. Glocke oder Gong

a) *Intensität des Signals*
Eine Glocke, ein Gong oder eine andere Vorrichtung mit ähnlichen Schalleigenschaften muß in 1 Meter Abstand einen Schalldruckpegel von mindestens 110 dB erzeugen.

b) *Konstruktion*
Glocken und Gongs müssen aus korrosionsfestem Material hergestellt werden und einen klaren Ton abgeben. **Der Durchmesser des Glockenmundes muß für Schiffe von 20 und mehr Meter Länge mindestens 300 Millimeter und für Schiffe von 12 und mehr, jedoch weniger als 20 Meter Länge mindestens 200 Millimeter betragen.** Wo es möglich ist, wird ein mechanisch angetriebener Glockenklöppel empfohlen, um eine konstante Kraft sicherzustellen, doch muß auch Handbetrieb möglich sein. Die Klöppelmasse darf nicht weniger als 3 v. H. der Glockenmasse betragen.

3. Genehmigung

Die Konstruktion von Schallsignalanlagen, ihre Ausführung und die Anbringung an Bord müssen den Anforderungen der zuständigen Behörde[1] des Staates entsprechen, dessen Flagge das Fahrzeug zu führen berechtigt ist[2].

[1] *In der Bundesrepublik Deutschland das Bundesamt für Seeschiffahrt und Hydrographie (BSH) in Hamburg/Rostock.*
[2] *Vgl. Anm. 1 zu § 2 VO zu den Internationalen Regeln von 1972 auf S. 70.*

Anlage IV: Notzeichen

1. **Die folgenden Signale, die zusammen oder einzeln verwendet oder gezeigt werden, bedeuten Not und die Notwendigkeit der Hilfe:**

   (a) Kanonenschüsse oder andere Knallsignale in Zwischenräumen von ungefähr 1 Minute;
   (b) anhaltendes Ertönen eines Nebelsignalgeräts;
   (c) Raketen oder Leuchtkugeln mit roten Sternen einzeln in kurzen Zwischenräumen;
   (d) das durch Telegraphiefunk oder eine andere Signalart gegebene Morsesignal · · · – – – · · · (SOS);
   (e) das Sprechfunksignal aus dem gesprochenen Wort „Mayday“[1];
   (f) das Notzeichen NC des Internationalen Signalbuches;
   (g) ein Signal aus einer viereckigen Flagge, darüber oder darunter ein Ball oder etwas, das einem Ball ähnlich sieht;
   (h) Flammensignale auf dem Fahrzeug, z. B. brennende Teertonnen, Öltonnen oder dergleichen;
   (i) eine rote Fallschirm-Leuchtrakete oder eine rote Handfackel;
   (j) ein Rauchsignal mit orangefarbenem Rauch;
   (k) langsames und wiederholtes Heben und Senken der nach beiden Seiten ausgestreckten Arme;
   (l) das Telegraphiefunk-Alarmzeichen[2];
   (m) das Sprechfunk-Alarmzeichen[3];
   (n) von einer Seenotfunkboje ausgestrahlte Funksignale;
   (o) zugelassene Signale, die über Funksysteme einschließlich Radartransponder auf Überlebensfahrzeugen übermittelt werden.

---

[1] *„Mayday“ ist eine phonetische Umschreibung von franz. „Venez m' aider!“ = „Kommt mir helfen!“*

[2] *Das Telegraphiefunk-Alarmsignal besteht aus einer Folge von 12 Morsestrichen von je 4 Sekunden Dauer innerhalb einer Minute, wobei der Zwischenraum zwischen zwei aufeinanderfolgenden Strichen 1 Sekunde beträgt. Durch dieses Alarmzeichen werden die selbsttätigen Funkalarmgeräte auf den damit ausgerüsteten Fahrzeugen ausgelöst.*

[3] *Das Sprechfunk-Alarmsignal besteht aus 2 Tönen, die für die Dauer von 30 Sekunden bis zu einer Minute abwechselnd gesendet werden („lilülilülilü…“).*

2. Die obengenannten Signale dürfen nur verwendet oder gezeigt werden, wenn Not und die Notwendigkeit der Hilfe vorliegen; die Verwendung von Signalen, die mit diesen Signalen verwechselt werden können, ist verboten.

3. Auf die betreffenden Abschnitte des Internationalen Signalbuchs, des Handbuchs für Suche und Rettung und auf folgende Signale wird hingewiesen:
   a) ein Stück orangefarbenes Segeltuch mit einem schwarzen Quadrat oder Kreis oder mit einem anderen entsprechenden Zeichen (zur Erkennung aus der Luft);
   b) ein Seewasserfärber.

Verordnung zu den Internationalen Regeln von 1972 zur Verhütung von Zusammenstößen auf See

vom 13. Juni 1977 (BGBl. I S. 813),
zuletzt geändert durch Artikel 2 der Sechsten Verordnung
zur Änderung seeverkehrsrechtlicher Vorschriften
vom 18. September 1998 (BGBl. I S. 2906).

Auf Grund des § 9 Abs. 1 Satz 1 Nr. 1, 2, 4 und 6, Satz 2, Abs. 2 Satz 1 Nr. 1 sowie des § 9c Seeaufgabengesetz in der Fassung der Bekanntmachung vom 27. September 1994 (BGBl. 2802), der Eingangsworte in § 9 Abs. 1 Satz 1 und Nummer 2, geändert durch Artikel 1 Nr. 3 Buchstabe a des Gesetzes vom 6. Juni 1995 (BGBl. I S. 778), verordnet das Bundesministerium für Verkehr:

§ 1 Inkraftsetzung der Internationalen Regeln

Die Internationalen Regeln zur Verhütung von Zusammenstößen auf See, die dem Übereinkommen von 1972 (BGBl. 1976 II S. 1023) beigefügt und zuletzt durch Beschluß der 18. Vollversammlung der Internationalen Seeschiffahrts-Organisation (IMO) in London vom 4. November 1993 geändert worden sind, im folgenden als „Internationale Regeln" bezeichnet, sind in der aus der Anlage ersichtlichen deutschen Übersetzung nach Maßgabe der folgenden Vorschriften anzuwenden.

§ 2 Geltungsbereich

(1) **Diese Verordnung gilt**

1. **auf den Seeschiffahrtsstraßen und in den an ihnen gelegenen öffentlichen bundeseigenen Häfen sowie im übrigen deutschen Küstenmeer,**
2. **für Schiffe, die berechtigt sind, die Bundesflagge zu führen**[1]**, seewärts der Begrenzung des Küstenmeeres der Bundesrepublik Deutschland, soweit nicht in Hoheitsgewässern anderer Staaten abweichende Regelungen gelten.**

(2) **Im Geltungsbereich der Verordnung nach Absatz 1 Nr. 1 gelten auch die Seeschiffahrtsstraßen-Ordnung** in der Fassung der Bekanntmachung vom 15. April 1987 (BGBl. I S. 1266) **und die Verordnung zur Einführung der Schiffahrtsordnung Emsmündung** vom 8. August 1989 (BGBl. I S. 1583) in ihrer jeweils geltenden Fassung **sowie die Schiffahrtsordnung Emsmündung** (Anlage A zu dem deutsch-niederländischen Abkommen vom 22. Dezember 1986 über die Schiffahrtsordnung in der Emsmündung –

[1] Berechtigt und verpflichtet zum Führen der Bundesflagge sind aufgrund des Flaggenrechtsgesetzes alle Seeschiffe, deren Eigentümer Deutsche mit Wohnsitz im Geltungsbereich des Grundgesetzes sind. Seeschiffe deutscher Eigentümer mit Wohnsitz im Ausland dürfen und müssen die Bundesflagge nur führen, wenn sie im Schiffsregister eingetragen sind. Ein Verstoß gegen die Flaggenführungspflicht beim Einlaufen in einen Hafen und beim Auslaufen kann als Ordnungswidrigkeit geahndet werden. „Seeschiffe" im Sinn des Flaggenrechtsgesetzes sind „Schiffe, die zur Seefahrt bestimmt sind". Hierunter fallen auch seegehende Sportboote. Ist ein Sportfahrzeug, das nur gelegentlich im Küstengebiet fährt, nicht zur Seefahrt bestimmt, so unterliegt es nicht der Flaggenführungspflicht. Doch kann bereits die Absicht, die Seegrenze passieren zu wollen, jedes Schiff zum Seeschiff machen.

BGBl. 1987 II S. 141, 144) in der jeweils für die Bundesrepublik Deutschland geltenden Fassung; **soweit diese abweichende Vorschriften enthalten, gehen diese den Internationalen Regeln als Sondervorschriften im Sinne der Regel 1 Buchstabe b der Internationalen Regeln vor.**

§ 3 Grundregeln für das Verhalten im Verkehr

(1) **Jeder Verkehrsteilnehmer hat sich so zu verhalten, daß die Sicherheit und Leichtigkeit des Verkehrs gewährleistet ist und daß kein anderer geschädigt, gefährdet oder mehr, als nach den Umständen unvermeidbar, behindert oder belästigt wird. Er hat insbesondere die Vorsichtsmaßregeln zu beachten, die Seemannsbrauch oder besondere Umstände des Falles erfordern.**

(2) **Zur Abwehr einer unmittelbar drohenden Gefahr müssen unter Berücksichtigung der besonderen Umstände auch dann alle erforderlichen Maßnahmen ergriffen werden, wenn diese ein Abweichen von den Vorschriften dieser Verordnung notwendig machen.**

(3) **Wer infolge körperlicher oder geistiger Mängel oder des Genusses alkoholischer Getränke oder anderer berauschender Mittel in der sicheren Führung des Fahrzeugs behindert ist, darf weder ein Fahrzeug führen noch dessen Kurs oder Geschwindigkeit selbständig bestimmen.**

(4) **Wer eine Blutalkoholkonzentration von 0,8 oder mehr Promille oder eine Alkoholmenge im Körper hat, die zu einer solchen Blutalkoholkonzentration führt, darf weder ein Fahrzeug führen noch dessen Kurs oder Geschwindigkeit selbständig bestimmen.**

§ 4 Verantwortlichkeit

(1) **Der Fahrzeugführer und jeder sonst für die Sicherheit Verantwortliche haben die Vorschriften dieser Verordnung über das Verhalten im Verkehr und über die Ausrüstung der Fahrzeuge mit Einrichtungen für das Führen und Zeigen von Lichtern und Signalkörpern und das Geben von Schallsignalen zu befolgen.** Auf Binnenschiffen ist neben dem Fahrzeugführer hierfür auch jedes Mitglied der Besatzung verantwortlich, das vorübergehend selbständig den Kurs und die Geschwindigkeit des Fahrzeugs bestimmt.

(2) Verantwortlich ist auch der Seelotse; er hat den Fahrzeugführer oder dessen Vertreter so zu beraten, daß sie die Vorschriften dieser Verordnung befolgen können.

(3) Bei Schub- und Schleppverbänden ist unbeschadet der Vorschrift des Absatzes 1 der Führer des Verbandes für dessen sichere Führung verantwortlich. Führer des Verbandes ist der Führer des Schleppers oder des Schubschiffes; die Führer der beteiligten Fahrzeuge können vor Antritt der Fahrt auch einen anderen Fahrzeugführer als Führer des Verbandes bestimmen.

(4) **Steht der Fahrzeugführer nicht fest und sind mehrere Personen zur Führung eines Fahrzeugs berechtigt, so haben sie vor Antritt der Fahrt zu bestimmen, wer verantwortlicher Fahrzeugführer ist.**

(5) Die Verantwortlichkeit anderer Personen, die sich aus dieser Verordnung oder sonstigen Vorschriften ergibt, bleibt unberührt.

§ 5 Fahrzeuge des öffentlichen Dienstes

Fahrzeuge des öffentlichen Dienstes sind von den Vorschriften dieser Verordnung befreit, soweit dies zur Erfüllung hoheitlicher Aufgaben unter Berücksichtigung der öffentlichen Sicherheit und Ordnung dringend geboten ist.

§ 6 Verkehrstrennungsgebiete

(1) Verkehrstrennungsgebiete sind Schiffahrtswege, die durch Trennlinien oder Trennzonen oder anderweitig in Einbahnwege geteilt sind, auf denen jeweils **nur in Fahrtrichtung rechts der Trennlinie oder Trennzone gefahren werden** darf.

(2) Regel 10 der Internationalen Regeln gilt für die Verkehrstrennungsgebiete, die von der Internationalen Seeschiffahrts-Organisation (IMO) angenommen und in den Nachrichten für Seefahrer (Amtliche Veröffentlichung für die Seeschiffahrt des Bundesamtes für Seeschiffahrt und Hydrographie) bekanntgemacht worden sind.[1]

§ 7 Sicherheitszonen

(1) **Sicherheitszonen sind Wasserflächen, die sich in einem Abstand von 500 m, gemessen von jedem Punkt des äußeren Randes, um Anlagen oder sonstige Vorrichtungen zur wissenschaftlichen Meeresforschung oder Erforschung oder Ausbeutung von Naturschätzen erstrecken.**

(2) **Sicherheitszonen dürfen nicht befahren werden;** dies gilt nicht für Fahrzeuge, die für die Versorgung der Anlagen oder Vorrichtungen eingesetzt sind.

§ 7a Auskunft auf Ersuchen

(1) Wird der Fahrzeugführer eines Schiffes, das sich in der ausschließlichen Wirtschaftszone oder dem Küstenmeer eines anderen Staates befindet, von den Behörden dieses Staates mit der Begründung, daß er gegen anwendbare internationale Regeln und Normen zur Verhütung, Verringerung und Überwachung der Verschmutzung durch Schiffe verstoßen habe, ersucht, Angaben über die Identität und den Registerhafen, den letzten oder nächsten Anlaufhafen seines Schiffes und andere sachdienliche Angaben zu machen, die erfor-

[1] *Vgl. die Zusammenstellung dieser Verkehrstrennungsgebiete auf S. 20.*

derlich sind, um festzustellen, ob ein Verstoß erfolgt ist, so hat er diesem Ersuchen nachzukommen.

(2) Wird der Fahrzeugführer eines Schiffes im Küstenmeer anderer Staaten, die mit einem oder mehreren anderen Staaten für das Einlaufen in ihre Häfen oder inneren Gewässer oder für das Anlegen an ihren vor der Küste liegenden Umschlagplätzen gemeinsame Bedingungen zur Verhütung, Verringerung und Überwachung der Verschmutzung der Meeresumwelt erlassen haben, von den Behörden des Küstenstaates ersucht, Auskunft darüber zu geben, ob das Schiff zu einem Staat derselben Region, der an der gemeinsamen Regelung beteiligt ist, weiterfährt und gegebenenfalls die von diesem Staat für das Anlaufen in seine Häfen festgelegten Bedingungen erfüllt, so hat er diesem Ersuchen nachzukommen.

(3) Das Bundesministerium für Verkehr macht die in Absatz 2 genannten Staaten in den Nachrichten für Seefahrer (Amtliche Veröffentlichung für die Seeschifffahrt des Bundesamtes für Seeschiffahrt und Hydrographie) bekannt.

§ 8 Überwachung, Befreiung

(1) Für die Überwachung der Vorschriften dieser Verordnung sind die Strom- und Schiffahrtspolizeibehörden nach Maßgabe des § 55 der Seeschiffahrtsstraßen-Ordnung zuständig; § 4 Abs. 1 Satz 2 Nr. 2 und § 6 Abs. 1 des Seeaufgabengesetzes bleiben unberührt.

(2) Die Strom- und Schiffahrtspolizeibehörden können von den Vorschriften dieser Verordnung im Einzelfall befreien, soweit dies nach den Internationalen Regeln zulässig ist.

§ 8a Verwendung von Lichtern, Signalkörpern und Schallsignalanlagen

(1) Fahrzeuge, die zur Führung der Bundesflagge berechtigt sind[1], dürfen

1. **zur Führung von Lichtern und Signalkörpern** nach den Kollisionsverhütungsregeln **nur solche verwenden**, deren Konstruktion und Anbringung den Anforderungen der Anlage I zu den Kollisionsverhütungsregeln entspricht und **deren Baumuster vom Bundesamt für Seeschiffahrt und Hydrographie zugelassen ist**;
2. **zum Geben von Schallsignalen** nach den Kollisionsverhütungsregeln **nur solche Schallsignalanlagen verwenden**, deren Konstruktion, Ausführung und Anbringung den Anforderungen der Anlage III zu den Kollisionsverhütungsregeln entspricht und **deren Baumuster vom Bundesamt für Seeschiffahrt und Hydrographie zugelassen ist.**

§ 6 Abs. 4 der Seeschiffahrtsstraßen-Ordnung gilt entsprechend.

---

[1] *Vgl. Anm. 1 zu § 2 auf S. 70*

(2) Für die Baumusterzulassung, die Wirksamkeit und die Instandsetzung gelten die §§ 7 und 9 der Schiffsausrüstungsverordnung-See vom 20. Mai 1998 (BGBl. I S. 1168) entsprechend.

§ 9 Ordnungswidrigkeiten

(1) Ordnungswidrig im Sinne des § 15 Abs. 1 Nr. 2 des Seeaufgabengesetzes handelt, wer vorsätzlich oder fahrlässig

1. gegen eine Vorschrift des § 3 Abs. 1 über die Grundregel für das Verhalten im Verkehr verstößt,
2. entgegen § 3 Abs. 3 ein Fahrzeug führt oder dessen Kurs oder Geschwindigkeit selbständig bestimmt, obwohl er infolge körperlicher oder geistiger Mängel in der sicheren Führung des Fahrzeugs behindert ist, oder entgegen Absatz 4 ein Fahrzeug führt oder dessen Kurs oder Geschwindigkeit selbständig bestimmt, obwohl er 0,8 Promille oder mehr im Blut oder eine Alkoholmenge im Körper hat, die zu einer solchen Blutalkoholkonzentration führt,
3. als Seelotse entgegen § 4 Abs. 2 den Fahrzeugführer oder dessen Vertreter nicht oder nicht ausreichend berät,
4. entgegen § 4 Abs. 4 den verantwortlichen Fahrzeugführer nicht bestimmt,
5. entgegen § 7 Abs. 2 Sicherheitszonen befährt,
6. entgegen Regel 5 der Internationalen Regeln nicht für gehörigen Ausguck sorgt,
7. entgegen Regel 6 nicht mit einer sicheren Geschwindigkeit fährt,
8. gegen eine Vorschrift der Regel 7 über die Feststellung der Möglichkeit der Gefahr eines Zusammenstoßes verstößt, insbesondere eine vorhandene und betriebsfähige Radaranlage nicht gehörig gebraucht,
9. einer Vorschrift der Regel 8 über Manöver zur Vermeidung von Zusammenstößen zuwiderhandelt,
10. gegen eine Vorschrift der Regel 9 über das Verhalten in engen Fahrwassern verstößt,
11. einer Vorschrift der Regel 10 in Verbindung mit § 6 über das Verhalten im Bereich von Verkehrstrennungsgebieten und über das Befahren von Küstenverkehrszonen zuwiderhandelt,
12. einer Vorschrift der Regel 12 über das Ausweichen von Segelfahrzeugen untereinander zuwiderhandelt,
13. gegen eine Vorschrift der Regel 13 über das Ausweichen beim Überholen verstößt,
14. entgegen Regel 14 bei entgegengesetzten oder fast entgegengesetzten Kursen nicht seinen Kurs nach Steuerbord so ändert, daß die Fahrzeuge einander an Backbordseite passieren,
15. entgegen Regel 15 bei kreuzenden Kursen nicht ausweicht,

16. entgegen Regel 16 als Ausweichpflichtiger nicht frühzeitig und durchgreifend handelt, um sich gut klarzuhalten,
17. gegen eine Vorschrift der Regel 17 über das Verhalten als Kurshalter verstößt,
18. einer Vorschrift der Regel 18 über das Ausweichen oder die Pflicht, nicht die sichere Durchfahrt eines tiefgangbehinderten Fahrzeugs zu behindern oder als tiefgangbehindertes Fahrzeug mit besonderer Vorsicht zu navigieren, zuwiderhandelt,
19. gegen eine Vorschrift der Regel 19 über das Verhalten von Fahrzeugen bei verminderter Sicht verstößt,
20. einer Vorschrift der Regel 20 Buchstaben a bis d, der Regeln 23 bis 27 oder der Regeln 29 bis 31 über das Führen oder Zeigen von Lichtern oder Signalkörpern oder das Zurhandhalten und Zeigen von elektrischen Lampen oder Laternen zuwiderhandelt,
21. entgegen Regel 20 Buchstabe e Lichter oder Signalkörper führt oder zeigt, die nicht den Bestimmungen der Anlage I entsprechen,
22. gegen eine Vorschrift der Regel 22 über die Verwendung von Lichtern mit den vorgeschriebenen Mindesttragweiten verstößt,
23. entgegen Regel 33 nicht die vorgeschriebenen Schallsignalanlagen oder anderen Geräte zur Abgabe eines Schallsignals mitführt oder Schallsignalanlagen mitführt, die nicht den Bestimmungen der Anlage III entsprechen,
24. einer Vorschrift der Regel 34 oder 35 über die Abgabe von Schall- oder Lichtsignalen zuwiderhandelt,
25. entgegen Regel 36 Aufmerksamkeitssignale abgibt, die mit anderen Signalen oder Schiffahrtszeichen verwechselt werden können, oder den Scheinwerfer auf eine Gefahr richtet, wenn dadurch andere Fahrzeuge verwirrt werden,
26. entgegen Regel 37 bei Hilfeanforderungen im Notfall nicht die in der Anlage IV beschriebenen Notzeichen benutzt oder zeigt oder
27. entgegen Anlage IV Nr. 2 der Internationalen Regeln Notzeichen verwendet oder zeigt, obwohl ein Notfall nicht vorliegt, oder Signale verwendet, die mit den Notzeichen verwechselt werden können.

(2) Die Zuständigkeit für die Verfolgung und Ahndung von Ordnungswidrigkeiten nach Absatz 1 wird auf die Wasser- und Schiffahrtsdirektionen übertragen.

Sichtzeichen für kleine Fahrzeuge nach den KVR und der SeeSchStrO

	< 20 m
unter Segel	Seitenlichter in Zweifarbenlaterne Hecklicht oder: Dreifarbenlaterne evtl. rotes über grünem Rundumlicht, aber nicht in Verbindung mit der Dreifarbenlaterne (alle 2 sm)
unter Motor	Topplicht (3 sm), min. 2,50 m über dem Schandeck Seitenlichter (2 sm) oder: Zweifarbenlaterne (2 sm) Hecklicht (2 sm) Motorkegel, falls zugleich unter Segel
manövrierunfähig manövrierbehindert	2 rote Rundumlichter (2 Bälle) übereinander 3 Rundumlichter Rot-Weiß-Rot (Ball-Rhombus-Ball) übereinander
vor Anker	Ankerlicht (2 sm) Ankerball
auf Grund	Grundsitzerlichter (2 sm) Grundsitzerbälle

Der rot gesetzte Text gibt die Abweichungen der SeeSchStrO gegenüber den KVR wieder, die Zahlen in Klammern die Mindesttragweiten der Laternen.

< 12 m	< 7 m
Seitenlichter in Zweifarbenlaterne (1 sm) (2 sm) Hecklicht (2 sm) oder: Dreifarbenlaterne	Falls Laternen nicht fest montierbar: weiße Leuchte zur Hand halten.

Falls Laternen nicht fest montierbar: weißes Rundumlicht (2 sm).
Falls auch diese Laterne nicht fest montierbar: Fahrverbot bei Nacht und verminderter Sicht, außer bei einem Notstand. Für diesen Fall weiße Leuchte ständig gebrauchsfertig mitführen und rechtzeitig zeigen.

Topplicht (2 sm), mindestens 1 m über den Seitenlichtern Seitenlichter (1 sm) (2 sm) oder Zweifarbenlaterne (1 sm) (2 sm) Hecklicht (2 sm) oder: weißes Rundumlicht (2 sm) statt Topplicht und Hecklicht Motorkegel, falls zugleich unter Segel	Rundumlicht (2 sm) evtl. Seitenlichter (1 sm) (2 sm) Motorkegel, falls zugleich unter Segel Falls Lichter nicht fest montierbar: Fahrverbot bei Nacht und verminderter Sicht, außer bei einem Notstand. Für diesen Fall weiße Leuchte ständig gebrauchsfertig mitführen und rechtzeitig zeigen.

Bei Taucherarbeiten: Flagge „A“ des Internationalen Signalbuches bzw. rotes über weißem über rotem Rundumlicht.

Darüber hinaus sind keine Lichter bzw. Tagzeichen für manövrierunfähige bzw. -behinderte Fahrzeuge nötig.

Ankerlicht (2 sm) Ankerball	Ankerball und -licht nur in engem Fahrwasser etc. nötig.

Kein Ankerball und -licht auf bekanntgemachten Anker- und Liegestellen nötig.

Grundsitzerlichter und -bälle brauchen nicht geführt zu werden.

Das nationale Betonnungssystem der Seeschiffahrtsstraßen-Ordnung gemäß Anlage I (Schiffahrtszeichen)

Die Betonnung auf dem deutschen Küstenmeer ist in der *Seeschiffahrtsstraßen-Ordnung* festgelegt. Sie beruht auf den Empfehlungen des maritimen Betonnungssystems des *Internationalen Verbandes der Schiffahrtszeichen-Verwaltungen (International Association of Lighthouse Authorities – IALA).* Das System kennt folgende fünf Arten von maritimen Schiffahrtszeichen:

- laterale Zeichen
- kardinale Zeichen
- Einzelgefahr-Zeichen
- Mitte-Schiffahrtsweg-Zeichen
- Sonderzeichen

Weltweit gibt es die Betonnungsregionen „A“ und „B“. Beide Regionen weichen nur in der Anwendung der lateralen Zeichen voneinander ab, während die übrigen vier Zeichen einheitlich eingesetzt werden.
Die **Betonnungsregion A,** zu der die Gewässer Europas, Afrikas, Asiens (außer Japan, Korea und den Philippinen) und Australiens gehören, verwendet **„Rot an Backbord“.** In den Gewässern Nord-, Mittel- und Südamerikas, Japans, Koreas und in den Philippinen gilt die Betonnungsregion B mit „Rot an Steuerbord“.

Auf den folgenden Seiten wird das nationale deutsche Betonnungssytem der *Seeschiffahrtsstraßen-Ordnung* gemäß *Anlage I (Schiffahrtszeichen)* wiedergegeben.

Fahrwasserseiten (laterale Zeichen)

Laterale Zeichen kennzeichnen die Stb- und Bb-Seite eines Schiffahrtsweges. Die **Bezeichnungsrichtung** wird durch die Hauptrichtung einer Hafenzufahrt festgelegt: Ein von See her kommendes (= einlaufendes) Fahrzeug hat an seiner Stb-Seite die Stb-Seite des Schiffahrtsweges und an seiner Bb-Seite die Bb-Seite des Schiffahrtsweges. Sind die Seiten eines Schiffahrtsweges auf diese Weise nicht eindeutig festzulegen, so verläuft die Bezeichnungsrichtung im Prinzip im Uhrzeigersinn um die Landmassen herum. Sie wird dann von den zuständigen Seezeichenbehörden festgelegt.

An der **Bb-Seite** verwendet man:
- rote Stumpf-, Leucht-, Spierentonnen, Stangen oder Pricken (ohne Farbe)
- mit rotem Zylinder als Toppzeichen, wenn erforderlich (Stangen immer mit), und, wenn vorhanden,
- rotem Licht beliebiger Kennung.
- Beschriftung (wenn vorhanden): fortlaufende gerade Nummern.

An der **Stb-Seite** verwendet man:
- grüne Spitz-, Leuchttonnen oder Stangen
- mit grünem Kegel, Spitze oben, als Toppzeichen, wenn erforderlich (Stangen immer mit), und, wenn vorhanden,
- grünem Licht beliebiger Kennung.
- Beschriftung (wenn vorhanden): fortlaufende ungerade Nummern.

Abzweigende oder einmündende Fahrwasser sind wie folgt bezeichnet:
An der **Bb-Seite des durchgehenden Fahrwassers** (= Stb-Seite des abzweigenden oder einmündenden Fahrwassers) verwendet man
- rote Stumpf-, Leucht-, Spierentonnen oder Stangen mit waagerechtem grünem Band,
- mit rotem Zylinder als Toppzeichen und, wenn vorhanden,
- rotem Fl (2+1)/Blz.(2+1).

An der **Stb-Seite des durchgehenden Fahrwassers** (= Bb-Seite des abzweigenden oder einmündenden Fahrwassers) verwendet man
- grüne Spitz-, Leuchttonnen oder Stangen mit waagerechtem rotem Band,
- mit grünem Kegel, Spitze oben, als Toppzeichen und, wenn vorhanden,
- grünem Fl (2+1)/Blz.(2+1).

Laterale Zeichen

Backbordseite

Farbe: rot mit waagerechtem grünem Band
Farbe: rot
Form: Stumpf-, Leucht-, Spierentonne, Stange oder Pricke
Toppzeichen: (wenn erforderlich): roter Zylinder oder Besen aufwärts; Stangen immer mit Toppzeichen
Feuer (wenn vorhanden): Farbe: rot;
Kennung: Fl/Blz., Fl(2)/Blz.(2), Oc(2)/Ubr.(2), Oc(3)/Ubr.(3), Q/Fkl., IQ/Fkl. unt. oder Iso/Glt.

Steuerbordseite

Farbe: grün
Form: Spitz-, Leuchttonne oder Stange
Toppzeichen: (wenn erforderlich): grüner Kegel, Spitze oben, oder Besen abwärts; Stangen immer mit Toppzeichen
Feuer (wenn vorhanden): Farbe: grün;
Kennung: Fl/Blz., Fl(2)/Blz.(2), Oc(2)/Ubr.(2), Oc(3)/Ubr.(3), Q/Fkl., IQ/Fkl. unt. oder Iso/Glt.

Abzweigende/einmündende Fahrwasser

Bb-Seite des durchgehenden/Stb-Seite des abzweigenden oder einmündenden Fahrwassers

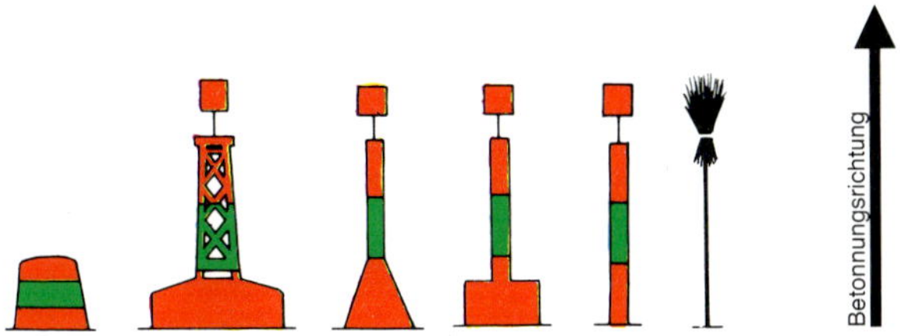

Farbe: rot mit waagerechtem grünem Band
Form: Stumpf-, Leucht-, Spierentonne oder Stange
Toppzeichen: roter Zylinder oder Besen aufwärts
Feuer (wenn vorhanden): Farbe: rot; Kennung: Fl (2+1) / Blz. (2+1)

Stb-Seite des durchgehenden/Bb-Seite des abzweigenden oder einmündenden Fahrwassers

Farbe: grün mit waagerechtem rotem Band
Form: Spitz-, Leuchttonne oder Stange
Toppzeichen: grüner Kegel, Spitze oben oder Besen abwärts
Feuer (wenn vorhanden): Farbe: grün; Kennung: Fl (2+1) / Blz. (2+1)

Allgemeine Gefahrenstelle (kardinale Zeichen)

Kardinale Zeichen zeigen an, in welcher Richtung die günstigste Passierseite einer Gefahrenstelle oder eines Hindernisses liegt. Sie werden auch verwendet, um die Aufmerksamkeit auf einen Punkt innerhalb eines Schiffahrtsweges zu lenken, wie z. B. auf eine Krümmung, eine Abzweigung, eine Vereinigung oder das Ende einer Untiefe.
Das Gebiet um die Gefahrenstelle wird in vier Quadranten aufgeteilt, in den Nord-, Ost-, Süd- und Westquadranten, in denen die kardinalen Zeichen liegen. Oft werden nicht alle Quadranten, sondern nur die für die Großschiffahrt wichtigen gekennzeichnet.
Die kardinalen Zeichen sind immer mit einer Kombination von weißen Blitzen befeuert, und zwar grundsätzlich durch Funkelfeuer (Q/Fkl.) mit 50 bzw. 60 Blitzen pro Minute oder durch schnelles Funkelfeuer (VQ/SFkl.) mit 100 bzw. 120 Blitzen pro Minute. Die Quadranten sind folgendermaßen gekennzeichnet:

Nordquadrant:
- schwarz über gelb gestreifte Leucht-, Baken-, Spierentonne oder Stange
- mit zwei schwarzen Kegeln, Spitzen oben, als Toppzeichen und, wenn vorhanden,
- weißem VQ/SFkl. oder Q/Fkl.

Ostquadrant:
- schwarze Leucht-, Baken-, Spierentonne oder Stange mit breitem waagerechtem gelbem Band,
- mit zwei schwarzen Kegeln, Spitzen voneinander, als Toppzeichen und, wenn vorhanden,
- weißem VQ(3)/SFkl. (3) oder Q(3)/Fkl. (3).

Südquadrant:
- gelb über schwarz gestreifte Leucht-, Baken-, Spierentonne oder Stange
- mit zwei schwarzen Kegeln, Spitzen unten, als Toppzeichen und, wenn vorhanden,
- weißem VQ(6)+LFl/SFkl. (6) + Blk. oder Q(6)+LFl/Fkl. (6) + Blk.

Westquadrant:
- gelbe Leucht-, Baken-, Spierentonne oder Stange mit breitem waagerechtem schwarzem Band,
- mit zwei schwarzen Kegeln, Spitzen zueinander, als Toppzeichen und, wenn vorhanden,
- weißem VQ(9)/SFkl. (9) oder Q(9)/Fkl. (9).

Kardinale Zeichen

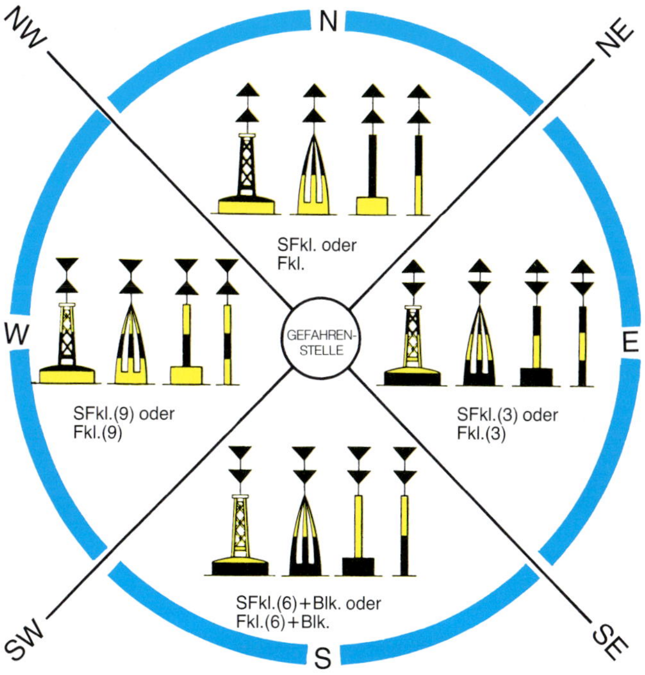

Merkregeln:
1. Die Spitzen der Toppzeichen geben an, wo sich der schwarze Tonnenanstrich befindet.
2. Das Konzept der Befeuerung von 3, 6 oder 9 schnellen Funkelblitzen folgt dem Zifferblatt einer Uhr: Im Ostquadranten = 3, im Südquadranten = 6 und im Westquadranten = 9 schnelle Funkelblitze.
   Der zusätzliche Blink von mindestens 2 Sekunden Dauer im Südquadranten soll die Unterscheidung erleichtern und anzeigen, daß man es nicht mit einer Funkelgruppe von 3 oder 9 zu tun hat.

Einzelgefahrenstelle

Die Gefahrenstelle kann an allen Seiten passiert werden. Man verwendet
- schwarze Leucht-, Baken-, Spierentonnen oder Stangen mit einem breiten waagerechten roten Band
- mit zwei schwarzen Bällen übereinander als Toppzeichen und, wenn vorhanden,
- weißem Fl(2)/Blz.(2).
- Beschriftung (wenn vorhanden): Name der Gefahrenstelle.

Merke: Waagerecht gestreifte Zeichen kennzeichnen immer Gefahrenstellen.

Kennzeichnung der Zufahrt zu Fahrwassern und der Mitte von Schiffahrtswegen

Zufahrten zu Fahrwassern von See aus sowie die Mitte von Schiffahrtswegen werden – sofern nicht durch Feuerschiffe, Großtonnen, Baken, Molen usw. erkennbar – wie folgt gekennzeichnet:
- rot-weiß senkrecht gestreifte Kugel-, Leucht-, Spierentonnen oder Stangen (ggf. ohne Farbe)
- mit einem roten Ball als Toppzeichen, wenn erforderlich (Spierentonnen und Stangen immer mit), und, wenn vorhanden,
- weißem Iso/Glt. oder Oc/Ubr.

Kennzeichnung besonderer Gebiete und Stellen

Die Bedeutung ist den Seekarten oder anderen nautischen Veröffentlichungen zu entnehmen und ggf. auch aus der Beschriftung des Zeichens zu erkennen. Man verwendet
- gelbe Tonnen beliebiger Form
- mit einem gelben liegenden Kreuz als Toppzeichen, wenn erforderlich, und, wenn vorhanden,
- gelbem Fl/Blz., Oc(2)/Ubr.(2) oder Oc(3)/Ubr.(3).

Einzelgefahrenstelle

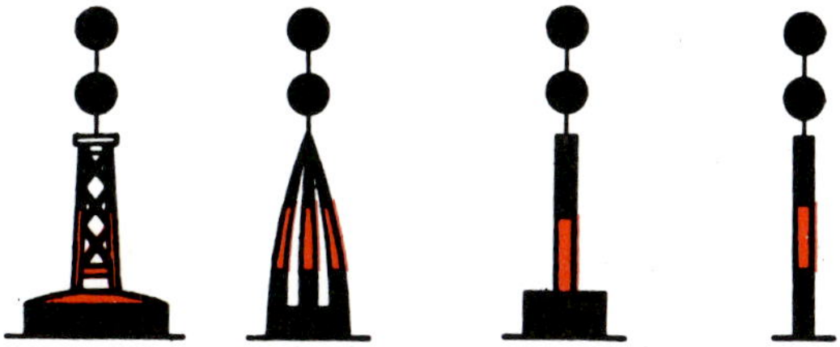

Farbe: schwarz mit einem breiten waagerechten roten Band
Form: Leucht-, Baken-, Spierentonne oder Stange
Toppzeichen: zwei schwarze Bälle übereinander
Feuer (wenn vorhanden): Farbe: weiß; Kennung: Fl(2) / Blz.(2)

Kennzeichnung der Zufahrt zu Fahrwassern und der Mitte von Schiffahrtswegen

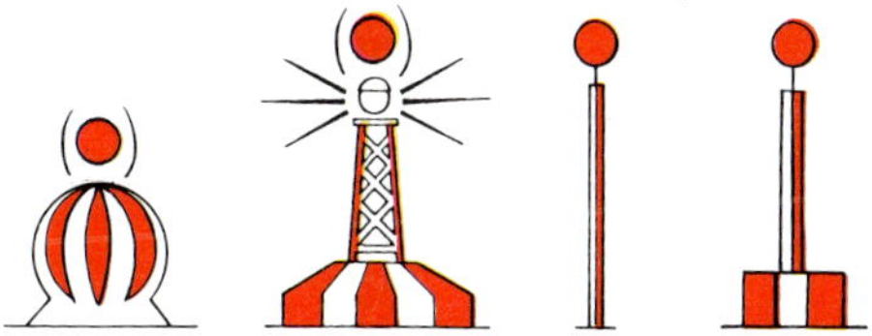

Farbe: rote und weiße senkrechte Streifen
Form: Kugel-, Leucht-, Spierentonne oder Stange
Toppzeichen: (wenn vorhanden): roter Ball (Spierentonnen und Stangen sind immer mit Toppzeichen versehen)
Feuer (wenn vorhanden): Farbe: weiß; Kennung: Iso / Glt. oder Oc / Ubr.

Kennzeichnung besonderer Gebiete und Stellen

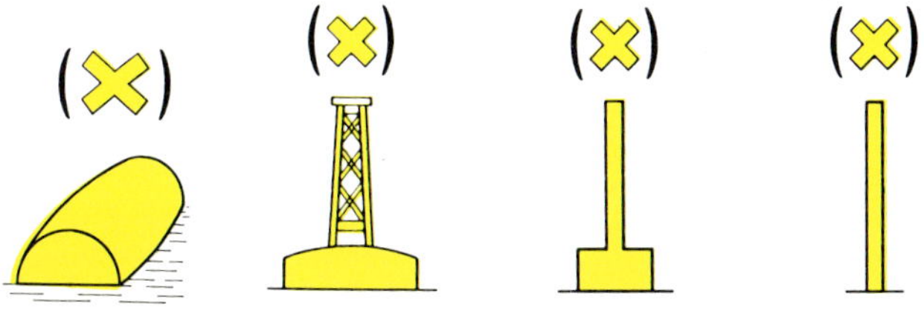

Farbe: gelb
Form: beliebig, vorzugsweise Faß-, Leucht-, Spierentonne oder Stange
Toppzeichen (wenn vorhanden): gelbes liegendes Kreuz
Feuer (wenn vorhanden): Farbe: gelb; Kennung: Fl/Blz., Oc(2)/Ubr.(2) oder Oc(3)/Ubr.(3)

Neue Gefahrenstellen

Bezeichnung wie allgemeine Gefahrenstellen oder Einzelgefahrenstellen, jedoch wegen besonderer Umstände mindestens ein Sichtzeichen doppelt und ggf. mit einer Radarantwortbake mit der Kennung „D“ *(„Danger“)* versehen.